Beate Noack

Der Ursprung Europas in der griechischen Antike

IGEL VERLAG
HAMBURG

Flensburger Studien zu Literatur und Theologie
Band 20

Herausgegeben von Markus Pohlmeyer

Beate Noack

Der Ursprung Europas
in der griechischen Antike

Religionen und Naturwissenschaften

Flensburger Studien zu Literatur und Theologie, Band 20

LITERATURWISSENSCHAFT

Centro
Studi
Sara
Valesio

Beate Noack
Der Ursprung Europas in der griechischen Antike:
Religionen und Naturwissenschaften
Flensburger Studien zu Literatur und Theologie, Band 20

2. korrigierte Auflage 2022
ISBN 978-3-948958-00-8
Covergestaltung: Annelie Lamers
Covermotiv vorn: Umzeichnung des Europa-Mosaiks in Sparta, aus:
Archäologische Zeitung 39, 1881, Tafel 6 (untere Abbildung)
Covermotiv hinten: 2 EURO: Europa reitet auf dem Zeus-Stier.
Links: original, unkoloriert, gestaltet nach dem Mosaik von Georgios
Stamatopoulos (2002), rechts: bankfrische Farb-Emission (2010)

IGEL Verlag *Literatur & Wissenschaft* ist ein Imprint
der Bedey Media GmbH
Hermannstal 119 k, 22119 Hamburg
Printed in Europe
Die Deutsche Bibliothek verzeichnet diesen Titel
in der Deutschen Nationalbibliografie.
Bibliografische Daten sind unter http://dnb.d-nb.de verfügbar.

Inhaltsverzeichnis

.

Vorwort zur Reihe

Die „Flensburger Studien zu Literatur und Theologie" möchten eine interdisziplinäre Entdeckungsreise sein und zum Nachdenken einladen – in aller Freiheit! Thematisch bewegt sich diese Reihe zwischen: Literatur, Philosophie, Theologie, Natur- und Sprachwissenschaft … (kann erweitert werden!) Medial bewegt sie sich zwischen vielen Welten: Bücher, Filme, Serien, Comics … (kann erweitert werden!) Eine solche Vielfalt von Themen und Disziplinen bedingt auch eine Vielfalt der Darstellungen: Essays, Gedichte, Rezensionen und wissenschaftliche Aufsätze … (kann auch erweitert werden!)

Zwischen Welten – synchron und diachron: in diesem Sinne versteht sich die Zusammenarbeit mit dem „Centro Studi Sara Valesio" (Bologna – New York), das dieses kulturelle Anliegen zum Zentrum seines Projekts gemacht hat.

Der Herausgeber

Centro Studi Sara Valesio – CSSV

The CSSV is conceived as a cultural nucleus of library collections and archival documentation. At the same time, the Center presents itself as a place for dialogue, cultural formation, research and discussion. Its main referent are literary and philosophical writings, in the broadest sense of the term, and studied in their contact with the concrete experience of well-defined persons; above all, persons who actually move between different cultural, geographical, psychological worlds, concretely experiencing different aspects of such movements: assimilation, migration, expatriation, alternate residences.

Hence, the main theme of the Center: „Writers Between Worlds". The worlds in question are principally, but not exclusively, Italy, Europe and the United States; and the term „writer" is meant (as noted) very broadly: not only poets, novelists, playwrights philosophers; but also essayists, historians, social researchers, writers of memoirs and letters, translators, screenplay writers, theatre and film directors, journalists and so forth.

This is not an abstract and intellectualistic project, because we constantly underline the relationship between textual worlds and existential experiences. The critical research that grows out of all this is therefore sensitive to the human, social and spiritual themes circulating in all these textualities. The book series „Flensburger Studien zu Literatur und Theologie", with its constructive approach to this kind of textualities, is an important expression of the project carried out in many forms by the CSSV.

Paolo Valesio, Director of the Centro Studi Sara Valesio

Centro
Studi
Sara
Valesio

Centro Studi Sara Valesio – Museo della Città di Bologna srl
Via Manzoni, 2 - 40121 Bologna
tel. 051.19936313 - fax 051.19936300
centrostudisaravalesio@genusbononiae.it

Vorwort

Die folgenden Betrachtungen zum Thema „Europa" stellen die geringfügig überarbeitete und umfänglich ergänzte Fassung eines Vortrags dar, den ich unter dem Titel „Die Wiege Europas – ‚Was Europa den Griechen verdankt'" am Europa-Tag, dem 09.05.2019 auf Einladung von Herrn Adrian Dautz in der Aula des Christian-Weise-Gymnasiums zu Zittau (olim „Johanneum") und am 05.06.2019 am Seminar für Katholische Theologie der Europa-Universität Flensburg gehalten habe. In Flensburg stand der Vortrag im Kontext einer Vortragsreihe zum Thema „Europa – christliches Abendland? Zur (De-)Konstruktion eines Begriffes", an der auch Vertreter der Judaistik und der Islamwissenschaften beteiligt waren.

Der Organisatorin der Vortragsreihe, Frau Prof. Dr. Anja Middelbeck-Varwick (jetzt Universität Frankfurt / Main), und meinem früheren Tübinger Studenten der Gräzistik, Herrn Priv. Doz. Dr. Lic. theol. Markus Pohlmeyer, danke ich für die Einladung zu dieser Vortragsreihe, Herrn Pohlmeyer und dem Igel Verlag Hamburg, hier insbesondere Frau Christina Schmidt-Hoberg, für die Möglichkeit zur Publikation in den „Flensburger Studien zu Literatur und Theologie".

Ein weiterer Dank gebührt Herrn Prof. Dr. Stefan Fränzle (Zittau), der sich nicht nur um die Erstellung der Abbildungen verdient gemacht hat, sondern auch weit mehr fachlichen Rat erteilte, als in den Fußnoten erwähnt werden konnte.

Für die Überprüfung und Beschaffung von Literatur danke ich Herrn Dr. Hartmut Blum (Universität Tübingen) und Herrn Rolf Funke, M. A. (Hochschulbibliothek der Hochschule Zittau / Görlitz, Standort Zittau).

Bei der Identifizierung des Europa-Mosaiks in Sparta waren die Hinweise von Herrn Prof. em. Dr. Konrad Heldmann (Universität

Kiel), Herrn Prof. Dr. Reinhard Wolters (Universität Wien) und Frau Prof. Dr. Rita Amedick (Universität Marburg) hilfreich, bei der Beschaffung eines geeigneten Fotos Frau Dr. Ingrid Hitzl (Kiel) und Frau Dr. Christa Schauer (Österreichisches Archäologisches Institut in Athen / Wien). Weitere Danksagungen für Auskünfte über dieses Mosaik gebühren im Deutschen Archäologischen Institut zu Athen Herrn Themistoklis Bilis (Architekt), Frau Katharina Brandt (Fotothek) und Frau Irini Marathaki (Sekretariat); in der Ephorie für die Altertümer von Lakonien (Sparti auf der Peloponnes) der Leiterin der Ephorie, Frau Evangelia Pantou; schließlich in der Bank von Griechenland (Athen) der leitenden Bibliothekarin des Zentrums für Kultur, Forschung und Dokumentation Frau Eva Semertzaki.

Das Manuskript wurde von zwei Studierenden und einem Doktoranden verschiedener naturwissenschaftlicher Fachrichtungen am Internationalen Hochschulinstitut Zittau (Zentrale Wissenschaftliche Einrichtung der Technischen Universität Dresden) auf allgemeine Verständlichkeit geprüft: von Frau Jäck Pulsfort, Herrn Hannes Schäricke und Herrn Felix Blind.

Wertvolle Korrekturen und Ergänzungen zur 2. Auflage verdanke ich Herrn Prof. Dr. Hubert Cancik (Tübingen - Berlin).

Ihnen allen gilt mein herzlicher Dank.

Zur Benutzung der Broschüre sei insbesondere den nicht altertums-
wissenschaftlich geschulten Lesern (für die die voraussetzungsarme
Darstellung in erster Linie konzipiert wurde) empfohlen, zunächst
die an den Anfang gestellte Zeittafel zu studieren. Zur Einarbeitung
in die antike Topographie ist es ratsam, einen historischen Atlas zu
Rate zu ziehen; auf dem aktuellen Forschungsstand ist der „Historische Atlas der antiken Welt" (2007) von Anne-Marie Wittke, Eckart
Olshausen und Richard Szydlak (= Ergänzungsband zu „Der Neue
Pauly"), hier insbesondere die Karten

(1) S. 69   =   „Kolonisation: Phönizier, Griechen und Etrusker
                  im Mittelmeerraum",
(2) S. 113   =   „Die Feldzüge Alexanders des Großen
                  (336-323 v. Chr.)" und
(3) S. 119   =   „Städtegründungen und Bildungsstätten
                  (4. bis 2. Jh. v. Chr.)".

Dabei ist zu beachten: Bagdad wurde von den Arabern an der Stelle
des antiken Opis (am Tigris, nördlich von Babylon) gegründet; der
Geburtsort des Aristoteles, Stageira in Makedonien, erscheint in der
Namensform Stageiros; und das süditalienische Tarent hieß in der
(griechischen) Antike Taras.

Zur Zitierweise:
(1) „…"   =   Auslassung von mehr als einem Wort im Zitat
(2) „.."   =   Auslassung von einem Wort im Zitat
(3) „[…]"   =   Auslassung erstreckt sich über Satzgrenze(n)
                  hinweg.
(4) „< >"   =   Ergänzung zum Zitat

Zur Transkription griechischer und arabischer Eigennamen und / oder Werktitel:

(a) griechische:
(1) Akút bzw. (am Wortende) Gravìs steht auch für ~ (Zirkumflex).
(2) Eta wird mit ä (stets ohne Akzent), Omega mit oo transkribiert.
(b) arabische:
(1) Sämtliche diakritischen Zeichen mussten entfallen.
(2) Auf den Bindestrich zwischen dem Artikel al- (oder mit Assimilation ar-, etc.) und nachfolgendem Substantiv / Eigennamen wurde verzichtet (außer in Aufsatz-Titeln).

Den Abschluss dieser Vorbemerkungen mag der Gedanke bilden, der sich uns, Herrn Pohlmeyer und mir, als wesentliches Ergebnis nachfolgender Kapitel ergab: Die drei monotheistischen Abrahamitischen Religionen Judentum, Christentum und Islam sind durch den Filter und die Vermittlung antiker griechischer Sprache und Kultur von Asien nach Europa gelangt.

Beate Fränzle, geb. Noack

Zittau, im Frühsommer 2022

Zeittafel

~ 2200 - ~1400	Minoische Hochkultur auf Kreta:
~ 1400	Musikant mit 7saitiger Leier (Kultszene) auf Sarkophag von Hagia Triada nahe Phaistos (S-Kreta)
14. / 13. Jh.	Mykenische Epoche: Sänger mit 5saitiger Leier (Gastmahl) auf einem Fries im Thronsaal des mykenischen Palastes von Pylos (SW-Peloponnes)
~ 1200 - ~ 800	„Dunkle Jahrhunderte":
12. Jh.	Aufstieg der Phönizier-Städte
~ 1000 – 800	Höhepunkt der Phönizier-Städte Adaption des phönizischen Alphabets durch die Griechen (Herodot 5.58)
	Archaische Epoche Griechenlands:
776	Beginn der Sieger-Listen bei den Wettkämpfen in Olympia
~ 750	Erstes Literatur-Werk des Abendlandes: Homers „Ilias"
~ 750 - ~ 550	„Große Griechische Kolonisation"
7. / 6. Jh.	Blütezeit der griechischen Lyrik
ab 7. Jh. Ende	Vorsokratische Natur-Philosophen
6. Jh., 2. Hälfte	Pythagoras von Samos begründet in Kroton (Süditalien) seine Schule.
	Klassische Epoche Griechenlands:
~ 485 - ~ 425	Herodot aus Halikarnassos: „Vater der Geschichte" (Vorlesungen in Athen)
5. Jh., Mitte	Direkte Demokratie in Athen Entstehung des Dramas und Theater-Wesens in Athen
5. / 4. Jh.	Entdeckung des Relativismus in der „Sophistik"

470/60 – 380/70	Demokrit: (1) Atom-Theorie und Vakuum; (2) „Über Säfte" („Perì chymóon")
~ 460 - ~ 370	Hippokrates von Kos: Begründung der wissenschaftlichen Medizin
469 – 399	Sokrates aus Athen
428/27 – 348/47	Platon aus Athen
~ 414 – 369	Theaitetos aus Athen: irrationale Zahlen, reguläre Polyeder
~ 391 – 338	Eudoxos von Knidos: (1) Planeten-Sphären; (2) Stern-Bilder-Katalog
~ 387/86	Gründung der Akademie im heiligen Hain des Heros Akádeimos
384 – 322	Aristoteles aus Stageira (Makedonien), seit 367 Student an der Akademie
~ 335	Gründung des „Peripatos" im heiligen Hain des Heros Lýkeios (>> „Lyzeum")
323	Tod Alexanders des Großen: Beginn des „Hellenismus"
~ 320 - ~ 250	Aristarch von Samos: (1) „Über Größen- und Abstandsverhältnisse von Sonne und Mond"; (2) Heliozentrik (bei Archimedes, „Über die Sand-Zahl")
~ 300	Euklid in Alexandreia, „Elemente"
~ 300	Begründung der Philosophen-Schule der „Stoá" in Athen
3. Jh., Anfang	Chirurg Herophilos von Alexandreia: Wasser-Uhr
287 – 212	Archimedes aus Syrakus: Mathematik, Mechanik, Physik, Technik
~ 285 – 210	Eratosthenes von Kyrene, „*Über Erdvermessung": ~ 40.000 km Erdumfang
~ 276	Aratos aus Soloi in Kilikien (Anatolien), „Phainómena", Vers 5 >> Predigt des Apostels Paulus in Athen (Apg 17.28)

3. Jh., Ende	Philon aus Byzanz, „Mächanikä sýntaxis" (Kriegsmaschinen) und arabische Übersetzungen

Römische Kaiserzeit:

63 v. Chr. – 19 n. Chr.	Strabon, „Geographía"
31 v. Chr. – 14 n. Chr.	Augustus erster Kaiser in Rom
14 – 37	Tiberius zweiter Kaiser in Rom
1. Jh., 1. Hälfte	Philon aus Alexandreia: Jüdischer Religionsphilosoph (Einflüsse der Stoá und Platons)
1. Jh.	Heron aus Alexandreia, „Pneumatiká", Kapitel 1: Dampf-Kugel
~ 35 - ~ 100	Quintilian Rhetorik-Professor in Rom: Pseudo-Quintilian, „Declamationes" (Vivisektionen)

98	Menelaos aus Alexandreia stellt in Rom astronomische Beobachtungen an.
1007/08	Abu Nasr Mansur b. Iraq
1235	Nasir ad Din at Tusi (Arabische Übersetzungen)

2. Jh.	Klaudios Ptolemaios: (1) „Megálä sýntaxis"; (2) „Harmoniká"; (3) „Geographía"
~ 130 – 199	Galen (Leibarzt am römischen Kaiser-Hof), Verfasser medizinischer Werke; schrieb Zusammenfassungen von Dialogen Platons
~ 300	Pappos aus Alexandreia: Kommentar zum 10. Buch der „Elemente" des Euklid (nur arabisch überliefert)

529	Ende der Antike: (1) Kaiser Justinian schließt die Platonische Akademie in Athen. (2) Benedict von Nursia gründet das Kloster Monte Cassino.

15

	Mittelalter:
640	Die Araber erobern Ägypten.
808/9 - 873	Hunain ibn Ishaq
	Renaissance (= Wiedergeburt der Antike):
1453	„Halosis" = Einnahme Konstantinopels durch die osmanischen Türken (Mehmed II. der Eroberer)
1454, 15.10.	Enea Silvio Piccolomini (seit 1458 Papst Pius II.), Rede auf dem Reichstag zu Frankfurt: Geburtstag des modernen Europa-Mythos
1492	Entdeckung der „Neuen Welt"
1543	Nicolaus Copernicus, „De revolutionibus orbium coelestium libri sex"
	Neuzeit:
1781	Entdeckung des Uranus durch Wilhelm Herschel
1789	Isolation von Uran durch Martin Heinrich Klaproth
1846	Entdeckung des Neptun [= Poseidon] durch Johann Gottfried Galle
1930	Entdeckung des Pluto[s]
1940	Erzeugung von Neptunium und Plutonium in Berkeley

1. Der (mythische) Ursprung Europas

Anlässlich der Einführung der neuen 200- und 100-Euro-Banknoten war im September 2018 an prominentem Sendeplatz im Ersten Deutschen Fernsehen die Äußerung zu hören: „Europa war eine griechische Göttin." Die erschreckende Ignoranz, die in dieser Behauptung steckt, beweist, dass im allgemeinen Bewusstsein offenbar eine gewisse Unsicherheit herrscht schon allein über den Ursprung der Bezeichnung des Kontinents Europa und seines Eponyms: Tatsächlich war (wie in altertumswissenschaftlichen Kreisen allgemein bekannt) Europa weder Göttin noch Griechin, mithin ‚Europäerin', sondern sie war eine Tochter des Königs Phoinix, der seinerseits dem von ihm beherrschten Königreich Phoinikien seinen Namen gab; Phönizien aber mit seinen beiden Hauptorten Sidon und Tyros, heute Saida bzw. Sur im Libanon, bildete in der Antike wie auch heute noch geographisch einen Teil Asiens.[1] Aus der literarischen Tradition der Antike und der ikonographischen Überlieferung von der Antike bis zur Gegenwart ist bekannt, dass der griechische Göttervater Zeus, in einen Stier verwandelt, Europa beim Spielen am Meeresufer von Phönizien entführte, sie übers Meer nach Kreta brachte und dort mit ihr unter anderen Minos zeugte, den Namensgeber der ersten europäischen Hochkultur, der sogenannten „Minoischen" Kultur.[2]

---

[1]   So etwa nach der Karte des Hekataios (um 500 v. Chr.) oder des Eratosthenes (ca. 285-210 v. Chr.), vgl. Hermann Bengtson et al. (Hrsgg.), Großer Historischer Weltatlas I: Vorgeschichte und Altertum (1978[6]) S. 12 Karten (c) und (d).

[2]   Ilias 14.321f. (Zeus: „des Phoinix Tochter .., die mir Minos gebar"); Apollodor, Bibliothek 3.1-2 (Vater der Europa und des Kadmos = Agenor oder Phoinix, Zeus verliebt sich in Europa, bringt sie in Gestalt eines Stieres übers Meer nach Kreta, wo sie Minos zur Welt bringt); Ovid Metamorphosen 2.840 – 3.6 (Verführung der Tochter des Königs von Sidon und Tyros, Agenor, durch den Jupiter-Stier, Agenor befiehlt dem Kadmos, die Schwester zu suchen), 8.23f. (Sohn Europas = Minos) und öfter. – Neben zahlreichen Vasenbildern und Wandgemälden ist eine Plastik aus dem Tempel in Selinunt (um 550 v. Chr.) zu nennen, die sich heute im Museum von Palermo befindet.- Gemälde aus der Renaissance z. B. von Tizian (um 1560) , Paolo

In der aktuellen Ikonographie sind drei Beispiele hervorzuheben: (1) Die griechische 2-Euro-Münze (Emissionen seit 2002) zeigt auf dem Revers Europa auf dem Stier reitend (Abb. 1b); die moderne Münz-Prägung reproduziert ein antikes Vorbild, nämlich ein römisches Mosaik aus dem 3./4. Jh. n. Chr. (Abb. 2). Die erste Beschreibung dieses im Jahr 1872 in Sparta aufgefundenen Mosaiks stammt von dem deutschen Klassischen Archäologen Paul Oscar Gustav Hirschfeld (1847-1895), der insbesondere als erster Leiter der deutschen Ausgrabungen in Olympia (1875-1878) hervorgetreten ist. Er unternahm in den Jahren 1871/72 mit einem Reise-Stipendium des Deutschen Archäologischen Instituts eine Forschungsreise im mediterranen Raum, die ihn zweimal auf die Peloponnes führte; schon vor seiner Heimkehr nach Deutschland im Sommer 1873 hatte er in diversen Publikationen über seine Forschungen berichtet, darunter in den „Communicazioni dal Peloponneso" im Bullettino dell'Instituto di corrispondenza archeologica per l'anno 1873, 212-218, S. 213 (folgt deutsche Übersetzung der Verf.):

,Mitteilungen von der Peloponnes – Das wichtigste Objekt .. unter den jüngst entdeckten ist ein großes Mosaik, das … im Jahr 1872 zum Vorschein kam:[3] […] Die Ausdehnung des mit Figuren gezierten Bereichs beträgt 2,05 in der Höhe und 1,97 in der Länge: Dieser Bereich ist umgeben von einem breiten Rahmen mit Ornamenten, in vier Streifen unterteilt. Die Steinchen, die das Mosaik bilden, sind etwas grob: Ihre Größe variiert zwischen 0,007 und 0,01. Ein Stier schwimmt, nicht ohne Anstrengung, nach rechts, wobei er seinen Kopf herabsenkt; das Meer, das er überquert, ist durch blaue Streifen dargestellt.[4] Auf dem Stier sitzt Europa, dem Betrachter zugewandt und quasi nackt: das schlichte Gewand ist bis über die Oberschenkel herabgefallen. Das Haar ist geschmückt mit

---

Veronese (um 1580) und Rembrandt (1632) sowie aus der frühen Neuzeit von Tiepolo (1696-1770).

[3] Vgl. Rudolf Weil, Mosaik in Sparta, Mitteilungen des Deutschen Archäologischen Instituts, Athenische Abteilung 1, 1876, 175: „Zu dem im J. 1872 in Sparta aufgedeckten Europa-Mosaik (G. Hirschfeld, Bullet. 1873, S. 213)".

[4] Die Metall-Beschläge („borchie") und Armbänder („braccialetti") sind, ebenso wie die das Meer repräsentierenden (blauen) Streifen unter und die beiden im Folgenden beschriebenen Eroten über dem Ensemble ,Europa reitet den Stier', auf der 2-Euro-Prägung nicht wiedergegeben.

einem Kranz („*stephane*"), die Arme mit Metall-Beschlägen und Armbändern; in der Rechten hält sie <= Europa> einen Fächer in Form eines Blattes, die Linke legt sie leicht auf den Nacken des Stieres. Über dieser Darstellung sehen wir zwei Eroten („Amori") […] Die Ausführung … ist mittelmäßig: die Zeichnung des Körpers der Europa ist voll von Fehlern, die Wahl der Farben, insbesondere bei der Drapierung („panneggiamento"), zeigt das Fehlen jeglichen Geschmacks. Das Gesicht der Europa erinnert uns lebhaft an pompejanische Gemälde, in denen neben all der fröhlichen Anmut eine gewisse Oberflächlichkeit und Abgeschmacktheit nicht geleugnet werden kann.'[5]

Als Kuriosum sei hier noch angefügt, dass einige Kritikpunkte in Hirschfelds ästhetisierender[6] Erstbeschreibung, wohl ohne Kenntniss derselben, im 21. Jh. gewissermaßen ‚korrigiert' wurden: Im Jahr 2010 wurde eine kolorierte Version der 2-Euro-Münze emittiert, auf der der Körper des Stieres und Europas in Weiß, der Haar-Kranz und das Gewand Europas in identischem Dunkelrot und der als Blatt stilisierte Fächer in ihrer rechten Hand in Grün gehalten

---

[5]   In dem online stehenden Catalogue of the Sparta Museum von Marcus Niebuhr Tod und Alan John Bayard Wace (1906) wird das Europa-Mosaik nur einmal beiläufig erwähnt (S. 216): „near the Europa mosaic". – Das Archäologische Museum in Sparti wurde 1874 gegründet; in Raum V werden Beispiele römischer Mosaiken ausgestellt. – Im Lexicon Iconographicum Mythologiae Classicae IV 1 (1988) wird das Europa-Mosaik in Sparta auf S. 85 unter Nr. 159 von Martin Robertson knapp beschrieben und auf die Zeit um 300 n. Chr. datiert (s. v. Europe I), im Bildband LIMC IV 2 jedoch nicht abgebildet; Robertson verweist auf eine Umzeichnung des Mosaiks in der Archäologischen Zeitung 39, 1881, auf Tafel 6 <, hier die untere Abb., im Aufsatz „Zwei Mosaiken aus Sparta" von Richard Engelmann, S. 130ff.>.

[6]   Ästhetische Wertungen waren bei Altertumswissenschaftlern (nicht nur Archäologen) vergangener Jahrhunderte durchaus üblich und wissenschaftlich akzeptiert. – Eine moderne Standards erfüllende Beschreibung liefert Alexandra Kankeleit, Kaiserzeitliche Mosaiken in Griechenland (Dissertation Bonn 1994) II, S. 298-300, mit von Hirschfeld abweichenden Maß-Angaben (S. 299: Gesamtgröße des Mosaiks = m 4.75 x 4.6; Bild-Feld = m 3.22 x 3.16); zur Farbgebung notiert Kankeleit, das Mosaik weise „eine ungewöhnlich reiche Farbpalette auf"; zu den Proportionen heißt es, Europas „Oberkörper ist im Verhältnis zu den Hüften außerordentlich schmal." Eine kurze Erwähnung nebst Schwarz-Weiß-Abbildung findet das Mosaik im Katalog von S. E. Waywell, Roman Mosaics in Greece, American Journal of Archaeology 83, 1979, 293-321, S. 302 (Nr. 46.2) mit Abb. 41 auf Tafel 51.

sind (Abb. 1b, oben).[7] (2) Eine Skulptur der Europa aus Bronze, die auf einem aus Stahl und Glas gebildeten Stier sitzt, wurde dem Europäischen Parlament in Straßburg im Jahr 2005 von der kretischen Stadt Agios Nikolaos gestiftet.[8] (3) Malerei und Zeichnung zum Thema „Mythos Europa" stellte vom 14.07. bis zum 28.10.2018 die Leipziger Künstlerin ANTOINETTE anlässlich des Jubiläums 20 Jahre Europastadt Görlitz – Zgorzelec in der Görlitzer Stadthalle aus; in den ausgestellten Werken hat sie das Motiv „Europa auf dem Stier" in vielfacher Weise variiert. Im Informationstext des Flyers zur Ausstellung hieß es unter anderem:

> „Fragen nach den gemeinsamen europäischen Wurzeln <stellen sich in besonderem Maße in> einer von einem Grenzfluss < = Neiße> geteilten Stadt, die nach Jahrzehnten der Trennung gerade im Europäischen das Verbindende fand. [...] ANTOINETTE ... <setzt sich> seit über 30 Jahren künstlerisch mit der Suche nach der Identität des Kontinents Europa auseinander".

Übrigens bildet auch das Revers der griechischen 1-Euro-Münze (Abb. 1a) ein antikes mythologisches Motiv ab: Die Eule (genauer: Steinkauz, lateinisch *Athene noctua,* griechisch *glaúx)* wurde in der antiken Fabel als besonders klug beschrieben; sie war daher das stehende Attribut der für ihre Klugheit berühmten Athener Stadtgöttin Athene; als solches erschien die Eule auf attischen Münzen aus Elektron (Silber-Gold-Legierung) oder Silber seit dem zweiten Viertel des 6. Jh.s v. Chr., ab etwa 525 v. Chr. auf dem Revers mit

---

[7]   Im Verkaufsangebot der Münzhandelsgesellschaft „Historia" (Hamburg), unter https://www.historia-hamburg.de/griechenland-2-euro-2010-bfr-europa-auf-dem-stier-mit-farbmotiv.html (abgerufen am 06.01.2020) wurde die kolorierte Münze unter der Artikelnummer gr2euro2010-c als „bankfrisch" angeboten; das mir inzwischen vorliegende Exemplar ist auf dem hinteren Einband und auf Abb. 1b (oben) zu sehen.

[8]   Erwähnt bei Simon Price – Peter Thonemann, Die Geburt des klassischen Europa. Eine Geschichte der Antike von Troja bis Augustinus (englisch 2010, deutsch von Cornelius Hartz 2018) 6; Abb. im Internet unter Google, Bilder: „europa stier straßburg" (alamy stock photo, BDHFPD, www.alamy.com); Künstler: Nikos & Pandelis SOTIRIADIS (Hagios Nikolaos [Kreta], 2005); Größe: m 4.40 x 1.50 x 5; Materialien: Stahl, Bronze, Glas.

dem Avers der Göttin Athene auf attischen Silbermünzen; später (Anfang des 3. Jh.s v. Chr.) wurde die Eulenprägung als Reversmotiv auf Bronzemünzen ausgeführt und ist mit diesem Metall bis zur Mitte des 2. Jh.s n. Chr. belegt.[9] Die moderne Euro-Eule orientiert sich an der Ikonographie der antiken Münzprägung. Auf die attischen Eulen-Münzen geht auch das bekannte Sprichwort ‚Eulen nach Athen tragen' zurück: Der bedeutendste Vertreter der antiken griechischen Komödie der Klassischen Epoche, Aristophanes aus Athen (ca. 450 – ca. 387 v. Chr.), brachte im Jahr 414 v. Chr. eine Komödie mit dem Titel „Die Vögel" zur Aufführung; in der ersten Szene dieses fantastischen Dramas lässt Aristophanes eine große Anzahl verschiedener Vogel-Arten auftreten, darunter auch den aus Vögeln gebildeten Chor; zwei dramatische Personen unterhalten sich (Vers 301, Übersetzung der Verf.): „Und dies hier ist doch eine Eule." – „Was meinst du? Wer hat eine Eule nach Athen hinein geführt?" Dass der Komödien-Dichter hier mit der Ambivalenz zwischen dem Tier Eule und der attischen Eulen-Münzprägung und damit der pekuniären Assoziation spielt, zeigt sich deutlich in der zweiten Szene (Vers 1106): Hier wendet sich der Chor-Führer an das Theater-Publikum mit den Worten „Niemals werden euch die Eulen vom Laureion ausgehen." Laureion nun hieß das Bergbau-Revier im Süden Attikas, wo mindestens seit der archaischen Epoche neben Zink und Kupfer vor allem Silber (aus Bleisilber-Erz) gewonnen wurde.[10]

Dass die Griechen ihrerseits ihren Nachbarn im Osten, den bedeutenden Kulturen im Vorderen Orient, viel zu verdanken hatten, deutet nicht nur die Entführung Europas aus dem asiatischen Phönizien an, sondern auch der Fortgang des Mythos: Europas Vater schickt seinen Sohn Kadmos aus, um Europa zu suchen. Kadmos soll bei

---

[9]   Christian Hünemörder, Eulen in: Der Neue Pauly IV (1998) 245-247, 246f.; Alexander Mlasowsky, Eulenprägung in: Der Neue Pauly IV (1998) 247.

[10] Hans Lohmann, Laureion, Laurion in: Der Neue Pauly VI (1999) 1190-1192. – Beide Euro-Münzbilder wurden von dem 1963 in Athen geborenen Künstler Georgios Stamatopoulos gestaltet.

dieser Gelegenheit das phönizische Alphabet nach Europa gebracht haben,[11] ein semitisches Alphabet ohne Vokalzeichen; die Anpassung dieses Alphabets an die indo-europäische Sprache Griechisch durch die Umwandlung von überflüssigen Konsonanten-Zeichen (vor allem Gutturalbuchstaben) in Vokal-Zeichen ist nun jedoch die große Kulturleistung der Griechen:[12] Damit wird in Europa (anders als in den Vorderasiatischen Hochkulturen, in denen die Kunst des Schreibens mit zum Teil hochkomplizierten Silben- und Bildschriften stets einer kleinen Kaste von Schriftkundigen vorbehalten war), so also wird in Europa die Voraussetzung geschaffen für einen hohen Grad an Alphabetisierung, der letztlich auch den Weg für die Entstehung von demokratischen Regierungsformen ebnete. Die Adaption des phönizischen Alphabets durch die Griechen wird von der modernen Sprachwissenschaft in die Periode von etwa 1000-800 verlegt,[13] also in die dem ersten Literaturwerk Europas, dem Helden-Epos „Ilias", unmittelbar vorausgehende Epoche. Um die Mitte des 8. Jh.s beginnen die Griechen, aus den engen Grenzen ihrer Heimat auszubrechen und von den Küsten des Schwarzen Meeres im Osten bis nach Spanien im Westen Pflanzstädte (apoikíai) anzulegen, so auch auf Sizilien und in Süditalien; aus einer Spielart des dort verwendeten westgriechischen Alphabets wird sich das uns heute fast weltweit geläufige lateinische Alphabet entwickeln. Im 9. Jh. n. Chr. wird der griechische Mönch Kyrillos den Slawen nicht nur das Christentum bringen, sondern auch aus dem griechischen ein eigenes slawisches Alphabet ableiten, das noch heute im „Kyrillischen" Alphabet fortlebt.

Nicht nur die in Europa und weit darüber hinaus in Gebrauch befindlichen Alphabete, sondern auch die Sprachen der indo-europäischen Familie haben wesentlich mit dem antiken Griechisch zu

---

[11] Darüber berichtet Herodot 5.58.1-59.1.
[12] Gotthard Strohmaier, Zur Erfindung der Vokalbuchstaben durch die Griechen, Philologus 135, 1991, 38-44, 43.
[13] Strohmaier (1991) 38 zitiert Literatur, in der die Adaption zwischen vor 1400 v. Chr. und 700 v. Chr. datiert wird.

tun: Die indo-europäische Ursprache lässt sich aus der Überein-stimmung zwischen dem Altindischen, dem Griechischen und dem Lateinischen rekonstruieren. Das Griechische hat sogar die semi-tische Sprachfamilie beeinflusst: Erinnert sei an griechisch kála-mos – „das Schreibrohr", im modernen Hocharabisch qalam – „der Stift".[14]– Kaum ein anderer Bereich menschlicher Existenz wirkt so sehr identitätsstiftend wie die Sprache; vielleicht noch die Musik, darüber soll unten gehandelt werden.

Dass der Vordere Orient auch im Bereich von Götterwelt und My-thos der Griechen einflussreich war, braucht hier nicht im Einzelnen ausgebreitet zu werden; verwiesen sei in diesem Zusammenhang exemplarisch auf den Aufsatz von Thomas Alexander Szlezák, „Ili-as und Gilgamesch-Epos" aus dem Jahr 2004.[15]

Im Jahr 2010 erschien die Schriftform von Szlezáks Abschiedsvor-lesung an der Eberhard-Karls-Universität zu Tübingen (im Rahmen des „Studium Generale" im Sommer-Semester 2006) als Mono-graphie mit dem Titel „Was Europa den Griechen verdankt".[16] Der

---

[14] Hjalmar Frisk, Griechisches etymologisches Wörterbuch I² (1973) 761.
[15] In: Heinz Hofmann (Hrsg.), Troia. Von Homer bis heute (2004) 11-33.
[16] Bereits fünf Jahre vor Szlezáks Abschiedsvorlesung war im Druck erschie-nen der Beitrag des Gräko-Arabisten Gotthard Strohmaier, Mitarbeiter am Supplementum Orientale des Corpus Medicorum Graecorum an der Ber-lin-Brandenburgischen Akademie der Wissenschaften, mit dem Titel „Was Europa dem Islam verdankt" in: Bernd Sösemann (Hrsg.), Berliner Wissen-schaftliche Gesellschaft – BWG. Jahrbuch 2000 (2001) 71-81; einige der hier entwickelten Gedanken sind allerdings erwägenswert, so Strohmaiers gleich zu Beginn (S. 71) formulierte Hauptthese, wonach das moderne Eu-ropa dem Islam seine Identität verdanke, dadurch dass die arabische Ex-pansion dem antik-griechischen, rein geographischen Europa-Begriff zu den politischen und kulturellen Konnotationen des modernen Europa-Begriffs verhalf: Weil die militärischen Aktivitäten von Bulgaren und Muslimen in Kleinasien die Streitmacht des byzantinischen Kaisers banden, kam es zu-nächst zur politischen und kirchlichen (ders., Arabische Quellen in: Fried-helm Winkelmann – Wolfram Brandes [Hrsgg.], Quellen zur Geschichte des frühen Byzanz [4.-9. Jahrhundert] [1990] 234-244, 234) Spaltung der Chris-tenheit in Ost-Rom und Frankenreich, wobei Karl der Große zur Erlangung der Kaiser-Würde nicht nur das Machtvakuum nutzte, sondern auch in dip-

Untertitel von Szlezáks Buch fasst dessen Grundthese prägnant zusammen: „Von den Grundlagen unserer Kultur in der griechischen Antike". Szlezák behandelte folgende Themen: die Entstehung des europäischen Literaturbegriffs in der Epik Homers und in der frühgriechischen Lyrik; die Begründung der europäischen Auffassung von Sport bei den Zeus-Wettkämpfen in Olympia; die Anfänge philosophischen Denkens bei den Vorsokratikern; Vorformen der Demokratie in Athen;[17] die Entstehung des Dramas und Theaterwesens in Athen; der Beginn des europäischen Geschichtsdenkens; der kosmopolitische Geist der griechischen Kultur; die Entdeckung des Relativismus; Sokrates; die Neubegründung der europäischen Phi-

---

lomatischen Kontakt mit den Muslimen trat (S. 72f.): Während der Frankenkönig bereits im Jahr 797 mit dem Abbasiden-Kalifen Gesandte austauschte, pflegte der byzantinische Kaiser Theophilos im 9. Jh. diplomatische Beziehungen zu den mit jenen verfeindeten Omaijaden in Spanien (ders. [1990] 238 mit Fußn. 23). Mit der „Halosis", der Eroberung Konstantinopels durch die osmanischen Türken im Jahr 1453, konnte es dann zur Einigung des christlichen Europa über die ethnischen Grenzen hinweg kommen, der „Mythos Europa" war geboren, nicht zufällig in der Epoche der Renaissance, der Wiedergeburt der (griechischen) Antike (die übrigens durch den im Kontext der Halosis ausgelösten Export zahlreicher griechischer Handschriften von Byzanz nach Italien wesentliche Impulse erhielt): Ost-Rom als politische Größe existierte nicht mehr, und man besann sich auch im lateinischen Westen Europas zunehmend auf die griechischen Quellen der Kultur, auf die vor- bzw. nicht-christliche Literatur und Bildende Kunst der Antike. Enea Silvio Piccolomini (seit 1458 Papst Pius II.), einer der wichtigsten Exponenten des italienischen Rinascimento, markiert mit seiner am 15.10.1454 auf dem Reichstag zu Frankfurt gehaltenen Rede den Geburtstag des modernen Europa-Mythos: „... die Christenheit <hat> ... keine größere Schmach erlebt als jetzt; denn in früheren [75] Zeiten sind wir nur in Asien und Afrika, also in fremden Ländern geschlagen worden, jetzt aber wurden wir in Europa, also in unserem Vaterland, in unserem eigenen Haus, an unserem eigenen Wohnsitz aufs schwerste getroffen" (zitiert nach Strohmaier, Europa [2001] 74-75, Unterstreichungen von mir); programmatisch in diesem Zusammenhang sind wohl auch die Titel zweier Abhandlungen Piccolominis „Europa" und „Asia".

17 Dazu erschien jüngst der Großessay des Althistorikers Klaus Bringmann „Das Volk regiert sich selbst. Eine Geschichte der Demokratie" (2019). – Zu den Unterschieden zwischen antiker und moderner Demokratie vgl. Beate Noack in: Vera Binder – Martin Korenjak – Beate Noack (Hrsgg.), Epitaphien. Tod, Totenrede, Rhetorik (2007) 169f. (Fußn. 137).

losophie mit Platon und Aristoteles. Von diesen zahlreichen Aspekten soll hier nur der letzte aufgegriffen werden, der zum zentralen Thema dieser Studie überleiten wird, der Rolle des antiken Griechentums für die Entwicklung der modernen Naturwissenschaften und der Mathematik, ein Bereich, den Szlezák seinerzeit bewusst, aber nicht explizit, ausgespart hatte. *Explizit* verzichtete er dagegen auf die Bildende Kunst (S. 6); in diesem Verzicht muss die vorliegende Untersuchung ihm aus demselben Grund folgen; verwiesen sei an dieser Stelle nur en passant auf den Klassizistischen Baustil in vielen europäischen großen wie kleinen Städten, aber auch auf das Weiße Haus in Washington. Über den architektonischen Klassizismus in Moskau haben antike griechische Säulen-Ordnungen sogar den Weg in die Hauptstadt der Mongolei gefunden: Die Front des Hauptgebäudes der Nationaluniversität der Mongolei in Ulaan Baatar ist mit antikisierenden Säulen der Korinthischen Ordnung verziert; Abbildung 3 zeigt überdies, dass in der Mongolei auch das Kyrillische Alphabet (mit wenigen Zusatzzeichen) benutzt wird (oben, horizontale Inschrift); die (links und rechts davon) senkrecht zu lesenden Buchstaben dagegen gehören zum alten, weitgehend außer Gebrauch gekommenen mongolischen Alphabet.

Hier sei nur noch ein Hinweis auf Szlezáks Band gegeben:[18] Als spezifisch europäisch betrachtet Szlezák den Begriff von Freiheit, wie er im antiken Griechenland präfiguriert wurde, und zwar sowohl von politischer Freiheit, die ihren sinnfälligsten Ausdruck in der direkten Demokratie Athens gefunden habe, als auch von persönlicher Freiheit: Individualismus in Kombination mit Offenheit gegenüber fremden Kulturen und interkulturellem Verstehen kennzeichneten das antike Griechentum; „die europäische Kultur .. <sei> Erbin der griechischen Vorstellung einer gemeinsamen Natur aller Menschen":[19] Die Idee der Humanität war in der Tat bereits eine

---

[18] Noch immer im Buchhandel erhältlich und beim Mohr-Siebeck-Verlag in Tübingen direkt bestellbar.

[19] Aus dem Wortlaut der online stehenden Verlagsanzeige von Szlezáks Buch.

griechische (philanthroopía), mag auch das Wort „humanitas" erst eine römische Schöpfung sein.

Zur Erinnerung: Der griechisch geprägte Kultur-Raum erstreckte sich in der Antike über drei Kontinente: (1) das Kernland in Europa mit den seit Mitte des 8. Jh.s v. Chr. ausgesandten griechischen Pflanzstädten (apoikíai) bis nach Süditalien und Spanien im Westen; (2) wenig später griechische Apoikien in Asien, namentlich an der Westküste der heutigen Türkei; (3) die im 7. Jh. v. Chr. gegründete Handelsniederlassung Naukratis im westlichen Nil-Delta, also in Afrika. Durch den Alexander-Zug Ende des 4. Jh.s v. Chr. sollte sich die griechische Kultur im Osten bis an die Grenzen zu Indien ausdehnen.

Andererseits: Wenn wir heute von Europa als kultureller Einheit und nicht als geographischer Größe sprechen, so sind Süd- und Nordamerika sowie Australien durch ihre Besiedelungs- oder genauer: Eroberungsgeschichte stets mit inbegriffen. Tatsächlich besitzt Europa als einziger Kontinent keine geographisch exakt definierbaren Grenzen: Mag er im Norden (Ost- und Nordsee), Westen (Atlantik) und Süden (Mittelmeer) durch Wasserflächen begrenzt sein, so ist die Abgrenzung nach Osten, gegen Asien, fließend; geologisch gesehen ist Europa der westliche Ausläufer des Großkontinents Eurasien. Umso mehr muss Europa als ideelle Einheit betrachtet werden, die ihre Identität aus den Ursprüngen von Geschichte und Kultur speist. Zur Kulturgeschichte gehört auch die Religion:

2. Das antike Griechenland und die drei Abrahamitischen Religionen

Die Charakterisierung Europas als „christliches Abendland" hat nichts an Gültigkeit eingebüßt; doch blickt man auf die Ursprünge des Christentums, so ist nicht zu übersehen, dass es ebenso wie das Judentum und der Islam an den süd(öst)lichen Küsten des Mittelmeeres, im Nahen Osten, mithin in Asien (und an der Nordküste Afrikas) entstanden ist. Wie Europa als Idee in den Anrainer-Staaten des Mittelmeeres wurzelt, so breiteten sich auch die drei nachmals Europa mehr oder minder prägenden Abrahamitischen Religionen zunächst in der Levante aus. Dass das Judentum Europa nicht nur ökonomisch, sondern auch kulturell beeinflusste, steht wohl außer Frage; man kann ihm sogar eine „überdurchschnittliche kulturelle Aktivität" attestieren, und dies insbesondere im mittelalterlichen Europa „bei der Vermittlung arabischer Philosophie und Wissenschaft … vor allem in Spanien".[20]

Aber auch der Islam darf nicht auf das Bild der militant missionierenden Religion reduziert werden. Unbestritten sind die militärischen Bedrohungen des christlichen byzantinischen Reiches durch die arabischen Eroberungen am Südrand des Mittelmeeres, in Kleinasien, in der Ägäis und bis nach Konstantinopel; seit der Mitte des 7. Jh.s greifen die Muslime auch nach Westen, nach Frankreich, Italien und nach Sizilien aus.[21] Die militärische Expansion nach Spanien (arabisch: al Andalus) führte unter dem Emirat der Omaijaden seit 755 bis zur Reconquista ab Ende des 11. Jh.s eine Periode „wirtschaftlichen und kulturellen Glanzes" herauf, Cordoba wurde zum

---

[20] Gotthard Strohmaier, Juden, Christen und Muslime als Förderer mittelalterlicher Wissenschaft in: Johannes Irmscher (Hrsg.), Rapports entre juifs, chrétiens et musulmans. Eine Sammlung von Forschungsbeiträgen (1995) 59-63, Zitate: 59.

[21] Gerhard Endreß, Einführung in die islamische Geschichte (1982) 194: Im Jahr 652 wird die byzantinische Flotte vor Alexandreia zurückgeschlagen und erfolgt ein Angriff auf sizilische Häfen. Vgl. Strohmaier (1990) 234.

„Bagdad des Westens".[22] Hier sowie auf Sizilien und in Süditalien haben sich die Spuren dieser christlich-islamischen Mischkultur bis heute erhalten.

Die historischen Anfänge aller drei Religionen fallen mehr oder weniger in die Epoche der griechisch-römischen Antike: Die schriftliche Fixierung der biblischen Texte dürfte im Nordreich Israel in der ersten Hälfte des 8. Jh.s, im Südreich Juda frühestens im späten 8. Jh. eingesetzt haben,[23] das heißt zu der Zeit, als auch in Griechenland die literarische Überlieferung beginnt, mit dem Epos „Ilias". Jesus lebte in der kulturell glanzvollsten Periode des Römischen Weltreiches, der Augusteischen Zeit unter den beiden ersten Kaisern Roms, Augustus und Tiberius. Das Wirken Mohammeds schließlich zu Beginn des 7. Jh.s liegt zwar etwa acht bis neun Jahrzehnte nach dem Epochenjahr 529 n. Chr., mit dem die Geschichtsforschung gemeinhin die Antike enden lässt,[24] doch ist es der arabischen Expansion und insbesondere der Eroberung Ägyptens in den Jahren 639-42 zu danken,[25] dass griechische Literatur vor allem aus den Bereichen Medizin, mathematische und Naturwissenschaften aus der antiken Bildungsmetropole Alexandrien nach Damaskos und Bagdad transferiert und zum Teil nur in arabischer Übersetzung weiter tradiert wurde.[26] So begleiteten die Anfänge des Islam zugleich einen wichtigen Abschnitt der Rezeptionsgeschichte der antiken griechischen Literatur; umgekehrt profitierten die Araber von den wissenschaftlichen Errungenschaften der Griechen. Bekannt ist dieser Vorgang vor allem für den Aristotelismus der Spätantike und des Mittelalters:

---

[22] Endreß 128.

[23] Israel Finkelstein, Das vergessene Königreich. Israel und die verborgenen Ursprünge der Bibel (französisch und englisch 2013, deutsch aus dem Englischen von Rita Seuß 2014) 186-187.

[24] Kaiser Justinian schließt die Platonische Akademie in Athen und verbietet den Unterricht bei nicht-christlichen Lehrern; in Italien gründet Benedict von Nursia das Kloster Monte Cassino.

[25] 642 Einnahme von Alexandreia. – Endreß 193.

[26] Gotthard Strohmaier, Von Alexandrien nach Bagdad – eine fiktive Schultradition in: Jürgen Wiesner (Hrsg.), Aristoteles. Werk und Wirkung. Paul Moraux gewidmet II (1987) 380-389.

„Seit dem 5. Jh. wurden aristotelische Schriften und Kommentare ins Syrische und im 9. und 10. Jh. ins Arabische übersetzt. Daran knüpfte sich eine Kommentierung, welche besonders bei den Arabern wichtige neue Entwicklungen hervorrief." [...] Im 12. und 13. Jh. wurden durch lateinische „Übersetzungen aus dem Arabischen und Griechischen .. die bisher unbekannten Werke des Aristoteles ... im lateinischen Westen verbreitet und bildeten die Grundlage der Hochscholastik."[27] Ilona Opelt hat in ihrer kompakten Monographie „Griechische Philosophie bei den Arabern" (1970) die Rezeption aristotelischer, aber auch (neu)platonischer Philosophie im Islam nachgezeichnet. Der Forschungsbericht des Orientalisten und Klassischen Philologen Felix Klein-Franke „Die Klassische Antike in der Tradition des Islam" (1980) dokumentiert,[28] wie die Erforschung der Rezeption der griechischen Kultur in der arabischen Literatur von den Anfängen im Renaissance-Humanismus des 15. und 16. Jh.s an ideologisch aufgeladen war und durch unqualifizierte Verunglimpfungen verzerrt wurde. Auch schon in der mittelalterlichen byzantinischen Geschichtsschreibung ist „Polemik gegen den Islam und seinen Stifter" zu registrieren, von der sich die „Sachkenntnis und Sachlichkeit ... wohltuend ... unterscheidet", mit der der persische Gelehrte as Sahrastani († 1153) in seiner Schrift „Die Religionsgemeinschaften und Sekten" unter anderen auch verschiedene christliche Kirchen behandelte.[29]

Als weniger bekanntes, jedoch symptomatisches Beispiel für den arabisch-sprachigen Traditionsweg eines griechischen Autors sei hier auf den Astronomen und Mathematiker Menelaos aus Alexandrien hingewiesen: Er stellte im Jahr 98 n. Chr. in Rom astronomische Beobachtungen an und verfasste ein Werk über sphärische

---

[27] Hans B. Gottschalk, Aristotelismus in: Der Neue Pauly I (1996) 1147-1152, Zitate: Sp. 1151.

[28] Rezensiert von Gotthard Strohmaier, Sudhoffs Archiv 65, 1981, 200-202.

[29] Gotthard Strohmaier, Islamische und byzantinische Geschichtsschreibung in: Claudia Sode – Sarolta Takács (Hrsgg.), Novum Millenium: Studies on Byzantine History and Culture dedicated to Paul Speck (2001) 393-400, 398.

Dreiecke und Trigonometrie mit dem Titel „Sphairiká", das im griechischen Urtext verloren gegangen ist;[30] es wurde hingegen schon früh, das heißt um 815, ins Arabische übersetzt und erfuhr im Laufe des Mittelalters immer wieder neue Überarbeitungen durch islamische Mathematiker, von denen die weitaus beste arabische kommentierte Ausgabe jene von Abu Nasr Mansur b. Iraq aus dem Jahr 1007/08 ist. Die Neubearbeitung durch den bekannten Gelehrten Nasir ad Din at Tusi aus dem Jahr 1235 darf als eine erste kritische Textausgabe gelten.[31] Derselbe Nasir ad Din veranstaltete auch eine Übersetzung des Astronomen Aristarch von Samos; sein auch in griechischen Manuskripten überliefertes Werk „Über die Größen- und Abstandsverhältnisse von Sonne und Mond" wird später noch einmal zur Sprache kommen.

Die Relevanz der Griechen für Judentum und Christentum ist evident: Im Zeitalter des Hellenismus, grosso modo in der Zeit nach Alexanders des Großen Tod (323 v. Chr.), wird das Griechische in einer vereinfachten Form, der sogenannten Koinä, zur Weltsprache in den Anrainer-Staaten des Mittelmeeres, zu denen auch die Heimat der Juden gehört; die Juden selbst werden zunehmend hellenisiert, das Griechische wird auch für sie zur Verkehrssprache. Die Juden im römischen Weltreich sprachen mit Ausnahme der Bewohner Palästinas „durchweg griechisch".[32] Im 3. Jh. v. Chr. wurde deswegen das Alte Testament ins Griechische übersetzt, der Überlieferung des Aristeas-Briefes nach von 72 Gelehrten (daher bekanntlich Septuaginta genannt), die zu diesem Zweck von Jerusalem nach Alexan-

---

[30] Bartel Leendert van der Waerden, Erwachende Wissenschaft I: Ägyptische, babylonische und griechische Mathematik. Aus dem Holländischen übersetzt von Helga Habicht (1956) 452f.

[31] Max Krause, Die Sphärik von Menelaos aus Alexandrien in der Verbesserung von Abu Nasr Mansur b. Ali b. Iraq. Mit Untersuchungen zur Geschichte des Textes bei den islamischen Mathematikern. Abhandlungen der Gesellschaft der Wissenschaften zu Göttingen. Philologisch-historische Klasse III. Folge, Band 17 (1936) 85f.

[32] Albrecht Dihle, Die griechische und römische Literatur der Kaiserzeit (1989) 314. 168.

dreia kamen. Im 2. Jh. v. Chr. distanzierten sich die Juden mit dem
Makkabäer-Aufstand (166 v. Chr.) politisch und kulturell von der
herrschenden makedonisch-griechischen Seleukiden-Dynastie;
gleichwohl blieb die Literatur-Sprache der Juden, vor allem in
Ägypten, bis ins 2. Jh. n. Chr. hinein das Griechische; das zweite
Buch der Makkabäer im Alten Testament, welches diese Revolte
schildert, ist sogar ursprünglich auf Griechisch abgefasst und trans-
portiert mit der Sprache auch griechisches Gedankengut.[33] Während
im 1. und 2. nachchristlichen Jh. zahlreiche jüdische Kommentare
zum Alten Testament in aramäischer *und griechischer* Sprache geschrieben wurden, zweifelten die Juden seit dem 2. Jh. mehr und
mehr die Authentizität der Septuaginta an;[34] im 2./3. Jh. entstand
zwar eine revidierte griechische Bibel-Übersetzung, doch mit dem
Bar Kochba-Aufstand gegen die römische Besatzungsmacht (132-
135) war auch ein Bruch der Juden mit der griechisch-römischen
Kultur verbunden: Fortan bedienten sich die jüdischen Gelehrten für
die Abfassung theologischer Literatur der traditionellen Kult-Spra-
che Hebräisch.[35]

Das Neue Testament wurde durchgängig von vornherein auf Griechisch geschrieben; einer der wichtigsten Apostel, der gebildete
Jude Paulus, beherrschte sowohl die hebräische als auch die griechische Sprache, welch letztere es ihm erlaubte, unter den Nicht-Juden
in weiten Teilen des östlichen Mittelmeer-Raumes zu missionieren.
Aus dem „Kreis des paulinischen Christentums" stammte der Evan-
gelist Lukas; das gelehrte Vorwort zu Beginn seines Evangeliums
(1.1-4) stellt sich mit der Würdigung von Vorgängern und der Wid-
mung (an den vornehmen Heiden-Christen Theophilos) in die Tradition griechischer Historiographie.[36]

---

[33] Dihle (1989) 169f.
[34] Dihle (1989) 315.
[35] Dihle (1989) 345.
[36] Dihle (1989) 223.

Die Sprache jüdischer Religionsphilosophen wie eines Philon von Alexandreia, eines Zeitgenossen des Paulus, war das Griechische, ja, er beherrschte nicht einmal, obschon ein frommer Jude, das Hebräische. Philons Œuvre zeigt deutliche Spuren einer eingehenden Beschäftigung mit griechischer, und zwar in erster Linie platonischer Philosophie; ohne Zweifel studierte er an der seinerzeit in seiner Heimatstadt florierenden Schule des sogenannten Mittelplatonismus. Das Philosophie-Studium beeinflusste Philons Kommentierung des Alten Testaments so weit, „daß seine Auslegung der Überlieferungen seines Volkes zu deren substantieller Hellenisierung führte."[37]

Auch bedeutende frühe Autoren der Christenheit verfassten ihre Schriften bis zur Mitte des 3. Jh.s, selbst in Rom, auf Griechisch, so zum Beispiel der römische Presbyter Hippolytos († 235).[38] Unter den christlichen Autoren des 2. und 3. Jh.s befanden sich Exponenten der paganen[39] wissenschaftlich-philosophischen Bildung (paideía), die sich zur Entfaltung der christlichen Dogmatik des Instrumentariums der griechischen Philosophie bedienten, darunter neben dem schon erwähnten Hippolytos Justinus Martyr, Clemens und Origenes von Alexandreia sowie an der Wende vom 3. zum 4. Jh. Eusebios von Kaisareia.[40] Der bedeutende evangelische Kirchenhistoriker Hans Freiherr von Campenhausen stellt in seiner Einleitung über die „Väterkunde" (Patristik, Patrologie) fest: „Zweifellos ist die Verbindung des christlichen und antiken Erbes, auf der die geis-

---

[37] Dihle (1989) 219, vgl. 175 und 179.
[38] Zu ihm Dihle (1989) 341-343.
[39] Die Termini „pagan" oder „heidnisch" werden hier und im Folgenden stets wertneutral in Abgrenzung von den drei monotheistischen Religionen Judentum, Christentum und Islam verwendet und beziehen sich auf den traditionellen griechisch-römischen Polytheismus; „pagan" leitet sich von lat. „paganus" − „dörflich", „ländlich" her: Das Christentum fasste zunächst in den großen Städten des Imperium Romanum Fuß, während die Land-Bewohner noch lange Zeit an der Religion der Vorfahren festhielten.
[40] Dihle (1989) 337. 431-434.

tige Kultur des Abendlandes beruht, zuerst und bleibend wirksam von den Kirchenvätern geschaffen worden."[41]

Justin aus Nablus in Palästina (das Sichem im Alten Testament) hatte wie der Jude Philon eine gründliche Ausbildung in der paganen Philosophie durchlaufen und war bereits als Wanderphilosoph tätig, als er zum Christentum bekehrt wurde (er starb 165 den Märtyrer-Tod in Rom); so überrascht es nicht, wenn er in seinen theologischen Werken sowohl die Gottessohnschaft Jesu als auch das Wirken des Heiligen Geistes mit Hilfe stoischer und platonischer Philosopheme zur Ontologie zu explizieren suchte. „Die Aufnahme des griechischen Erbes war, wie die religionsgeschichtlichen Parallelen des Judentums und des Islam zeigen, ... innerlich unumgänglich und notwendig, um das hervorzubringen, was wir heute als Theologie bezeichnen. Der erste Theologe in diesem Sinne war Justin".[42] Gemäß seiner Theologie wirkte der Geist Gottes auch schon vor Christi Geburt, so dass nicht nur die alttestamentlichen Propheten, sondern auch „viele der griechischen Philosophen ... <als> Christen vor Christus" anzusehen seien,[43] so zum Beispiel Heraklit und Sokrates.[44] Justin nannte sich selbst einen Platoniker: Er hat Platon gelesen und vielfach rezipiert; formal ahmte er den heidnischen Philosophen in seinem „Dialog mit dem Juden Trypho" nach.[45]

---

[41] Hans Freiherr von Campenhausen, Griechische Kirchenväter (1955, 1961[3]) 10.

[42] Campenhausen 14; zu Justin 14-23.

[43] Dihle (1989) 311f. (Zitat: 312).

[44] Campenhausen 17. – Andererseits „erwählte" sich der bedeutende arabische Mediziner und Philosoph ar Razi (= Rhazes) (~ 854 - 925) Sokrates zu seinem Vorbild, seinem Imam, so wie der antike Philosoph für alle „muslimischen Intellektuellen philhellenischer Observanz eine Kultfigur" war, vgl. Gotthard Strohmaier, Das Erbe der Griechen in der Welt des Islam, Das Altertum 41, 1996, 189-201, 197; dens., Das Bild des Sokrates in der arabischen Literatur des Mittelalters in: Herbert L. Kessler (Hrsg.), Sokrates. Bruchstücke zu einem Portrait (1997) 105-124, 114 und 106; s. auch dens., Das Bild der Antike im Werk al-Birunis, eines muslimischen Philhellenen des Mittelalters, International Journal of the Classical Tradition 1, 1994, 17-22 (= Vortrag Tübingen 1992) 19.

[45] Campenhausen 16f.; 15 und 19.

Während Clemens aus einer paganen Athener Familie stammte und
erst um 200 in die Nil-Metropole übersiedelte, wurde sein Nachfolger im Lehramt Origenes in eine christliche Familie Alexandriens
hinein geboren. Clemens († nach 215) kritisierte zum einen, wie
dies rund 700 Jahre vor ihm bereits der vorsokratische Philosoph
Xenophanes von Kolophon getan hatte, das negative Bild, welches
die archaische Epik von der Moral der Götter zeichnete (im „Pro-
treptikós", einer Mahnrede nach dem Vorbild antik-paganer philo-
sophischer Werke desselben Titels),[46] zum anderen stellte er sich in
seiner Schrift „Paidagoogós" (ein erster Entwurf der christlichen
Ethik) in die platonisch-peripatetische Tradition der Maß-Ethik. In
seinem Hauptwerk „Stróomata" (= „Teppiche", nach seinem hetero-
genen Inhalt benannt) in acht Büchern bekannte er sich zu Prinzipien
der platonischen Philosophie wie dem Dualismus Geist – Materie.
Clemens ging „in der Hellenisierung der christlichen Botschaft so
weit wie kaum ein anderer".[47] Wie bei Justin, so steht auch bei Clemens Platon im Zentrum der philosophischen Rezeption, und zwar
auch Platons aus dem „Phaidros" und dem Siebten Brief bekannte
Schriftkritik, in der zugleich der Hinweis auf den absoluten Vorrang
persönlicher, mündlicher Weitergabe der dort philosophischen, hier
religiösen Wahrheit enthalten war.[48]

Clemens' Nachfolger als theologischer Lehrer in Alexandreia (seit
203), Origenes (~ 185 – 253 [Christenverfolgung des Kaisers De-
cius]), darf als „erster Höhepunkt im christlichen Geistesleben"
bezeichnet werden; er war „der bedeutendste Exeget der Alten Kirche"; sein intellektuelles Niveau brauchte auch nicht den Vergleich
mit seinem Zeitgenossen Plotin zu scheuen,[49] dem Begründer des
Neuplatonismus, von dem weiter unten noch zu handeln sein wird.
Origenes hatte, wie der jüdische Religionsphilosoph Philon, Philosophie an der Platoniker-Schule seiner Heimatstadt studiert, und zwar,

[46] Campenhausen 34.
[47] Dihle (1989) 338-340, Zitat: 340, vgl. Campenhausen 36.
[48] Campenhausen 33 und bes. 39.
[49] Campenhausen 43.

wie es scheint, bei Plotins Lehrer Ammonios Sakkas. Die Folge dieser philosophischen Studien war die (nicht ganz) uneingeschränkte Hochachtung vonseiten seiner heidnischen Antipoden, namentlich des Plotin-Schülers Porphyrios, der sich in einer „Mischung von Erbitterung und Bewunderung" über Origenes äußerte.[50] Mochte Origenes auch das von ihm in seine Theologie implementierte platonische Gedankengut als jüdisch-christlich interpretiert haben, so verdankte er es doch seinen neuplatonischen Studien; einem solchen „Synkretismus" wurde in der Spätantike umso leichter der Boden bereitet, als die existenziellen „Grundfragen der platonischen Philosophie" dieser Zeit mit denen des frühen Christentums konvergierten.[51] Aber auch die im Hellenismus entwickelte alexandrinische Philologie hat sich in Origenes' Schriftwerk niedergeschlagen: Seine philologisch-theologische Glanzleistung ist die sogenannte „Hexapláa", eine in sechs Spalten organisierte Edition des Alten Testaments, in der der hebräische Urtext (nebst Transliteration in griechische Buchstaben) vier griechischen (darunter die der Septuaginta) Übersetzungen gegenübergestellt wurde. Für seine überaus gelehrten Bibel-Kommentare benutzte Origenes sowohl christliche als auch heidnische Autoren. Seine Wertschätzung für die pagane griechisch-römische Kultur stellte er sogar in seiner Polemik gegen die „Wahre Rede" („Aläthäs lógos") des Platonikers Kelsos unter Beweis: Dieser hatte im Jahr 178 eine (nur aus Origenes' Replik rekonstruierbare) Invektive gegen die angeblich ungebildeten und staatsgefährdenden Christen verfasst. Um dieselbe Zeit (~ 230) formulierte Origenes eine erste christliche Dogmatik „Über die Prinzipien" („Perì archóon"), in der er nicht nur methodisch, sondern auch inhaltlich den Anschluss an Platon suchte, so etwa in seinem Postulat von der Präexistenz und den mehrfachen Inkarnationen der Seele.[52] In „Perì archóon" (die Assonanz an Platons ungeschriebene Prinzipien-Lehre [lat. „principia" = griech. „archaí"] ist wahrschein-

---

[50] Campenhausen 45-47, Zitat: 46 (nach Euseb, historia ecclesiastica 6.19.7f.).
[51] Campenhausen 46f.
[52] Dihle (1989) 344-349.

lich zufällig) konstruierte Origenes auch ein Geschichtsmodell, das so gar nicht christlich, das vielmehr sehr platonisch klingt:[53] Die Wiederherstellung von Gottes Reich sei nicht endgültig, sondern es komme in unvorhersehbaren künftigen Weltzeitaltern zu neuen Katastrophen, neuen Weltperioden und neuen Welterlösungen:[54] Wie viel von diesem Konstrukt aus den Mythen im Schriftwerk Platons abgeleitet ist, wie viel möglicherweise aus den „Ungeschriebenen Lehren" Platons, die durch Vermittlung des mündlichen Unterrichts des Ammonios Sakkas in der Tradition der alexandrinischen Platon-Schule weiter gelebt haben mögen,[55] müsste eine konzise Untersuchung von „Perì archóon" zu Tage bringen. Es unterliegt jedenfalls keinem Zweifel, dass Origenes, obschon der erste christliche Schriftsteller, der einer christlichen Familie entstammte und christlich erzogen wurde,[56] „die Grenzen der christlichen Offenbarung tatsächlich überschreitet";[57] von Campenhausen notiert: „Entscheidend christlich ist nur dies": (1) Quelle aller Erkenntnis ist Christus. Und (2) die Bibel ist „die entscheidende Urkunde … seines Glaubens".[58]

Eusebios (260/70 – 339) war (nach Lukas) der erste Kirchen-Historiker der Christenheit; er stieg von einem Mitarbeiter des Presbyters von Kaisareia namens Pamphilos[59] nach der Christen-Verfolgung

---

[53] Vgl. demnächst von der Verf. in den „Flensburger Studien zu Literatur und Theologie" den Band „Solons Götter – Platons Theologie", darin das Kapitel 4. = „Platons historisches Modell" sowie den Anhang „Zur Rezeption der sog. Kataklysmen-Theorie (Aristoteles, Cuvier, Platon)".

[54] Campenhausen 49.

[55] Vgl. Herwig Görgemanns – Heinrich Karpp (Hrsgg.), Origenes. Vier Bücher von den Prinzipien. Herausgegeben, übersetzt, mit kritischen und erläuternden Anmerkungen versehen (1985[2] = 1992[3]) 1ff. („Einführung"), bes. 4-30. Heinrich Dörrie, Ammonios, der Lehrer Plotins, Hermes 83, 1955, 439-477, 469 (nach Euseb, Kirchen-Geschichte 6.19): Der Christ Origenes war „Hörer und Schüler des Ammonios […] <des> Neuplatoniker<s>".

[56] Campenhausen 44.

[57] Campenhausen 49.

[58] Campenhausen 50.

[59] Campenhausen 61f.: Euseb war nicht der Sklave des Pamphilos, wie Dihle (1989) 431 fälschlich annimmt.

unter Diocletian (299-303) und dem Mailänder Toleranz-Edikt über die Christen (313) zum Bischof von Kaisareia auf. Doch schon als junger Mann hatte er sich mit den Schriften des Origenes auseinandergesetzt, dessen Bibliothek Eusebs Förderer Pamphilos von dem 253/54 in Kaisareia verstorbenen Origenes übernommen und zu erschließen begonnen hatte. Während des kirchengeschichtlich bedeutsamen Konzils von Nikaia (325) fungierte er als Berater von Kaiser Constantin d. Gr. – übrigens wurden die Konzilsakten von Nikaia noch neben der lateinischen Version auch in griechischer Sprache publiziert.[60] Das sechste Buch seiner „Historía ekkläsiastíkä" („Kirchen-Geschichte") widmete Euseb fast gänzlich der Biographie des Origenes. In seiner 15 Bücher umfassenden apologetischen Schrift „Euangelikä proparaskeuä" suchte er die chronologische und axiologische Priorität des Alten Testaments gegenüber der paganen griechischen Philosophie zu erweisen, was ihn zu der Vorstellung führte, Platon müsse auf die alttestamentarischen Lehren zurückgegriffen haben. In die von Origenes und Kelsos her schon bekannte Auseinandersetzung zwischen frühem Christentum und (Neu-)Platonismus führt Eusebs handschriftlich überlieferte literarische Attacke gegen den Präfekten der römischen Provinz Ägypten Sossianus Hierokles („Gegen Hierokles"), der die diocletianische Christen-Verfolgung publizistisch und persönlich maßgeblich initiiert hatte: Dessen antichristliche Streitschrift „Wahrheitsfreund" lässt sich nur noch aus Eusebs Antwort darauf wiederherstellen.[61] Nicht überliefert sind die 25 Bücher einer Replik Eusebs auf die Invektive des Neuplatonikers Porphyrios gegen die Christen.[62] Porphyrios war Schüler und Nachfolger im Scholarchat Plotins, der im Jahre 244 (nach Studium an der platonischen Schule in Alexandreia)

---

[60] Edition des lateinischen Textes von Jean Hardouin, Acta conciliorum et epistulae decretales ac constitutiones summorum pontificum I (annis 34-450), Paris 1715; die griechische Fassung edierte Engbert Jan Jonkers, Acta et symbola conciliorum quae saeculo quarto habita sunt (1954, ²1974).

[61] Bruno Bleckmann, [5] Sossianus H.<ierokles> in: Der Neue Pauly V (1998) 541f., 541; Dihle (1989) 434.

[62] Zu Euseb: Dihle (1989) 431-434.

in Rom die Schule Platons im nachmals als „Neuplatonismus" bezeichneten Format neu begründete.[63] Der in Tyros gebürtige Porphyrios war im Jahr 263 in Plotins römische Schule eingetreten, jedoch wegen schwerer Depressionen 268 nach Sizilien übergesiedelt; dort verfasste er einen 15 Bücher umfassenden literarischen Angriff gegen die Christen; auch dieses umfängliche Schriftwerk ist, wie Eusebs Antwort darauf, verloren gegangen (wie übrigens zum größten Teil auch Porphyrios' sonstige literarische Produktion), und zwar durch eine staatlich verordnete öffentliche Bücher-Verbrennung auf Befehl des christlichen Kaisers Theodosius des Zweiten im Jahr 448: „Trotzdem war es Porphyrios, der den christlichen Theologen im 4. und 5. Jh. n. Chr. die Begriffe und Methoden neuplatonischer Ontologie vermittelte, mit deren Hilfe sie ihren Streit um die Ausformulierung des Trinitätsdogmas austrugen."[64] Von Campenhausen hat diesen Vorgang treffend als „Platonisierung des Christentums" und „Verchristlichung des Platonismus" etikettiert.[65]

Christentum und auch das Judentum verdanken also nicht nur ihre regionale Ausbreitung, unter anderem im europäischen Raum, der griechischen Verkehrssprache, sondern sind darüber hinaus auch inhaltlich-argumentativ (trotz oder gerade wegen der heftigen christlich-neuplatonischen Auseinandersetzungen der ersten Jahrhunderte) der paganen griechischen Philosophie verpflichtet. Ja, mehr noch: „Das Chr.<istentum> hat, indem es die antike Kultur in

---

[63] Vgl. Dihle (1989) 279.

[64] Zu Porphyrios: Dihle (1989) 383f., Zitat: 384. – Dieser christlichen Rezeption neuplatonischer Philosopheme entgegen kam ohne Zweifel, dass der Schulbegründer Plotin sich ganz auf die Ontologie verlegte und hier wiederum auf die Lehre vom höchsten Sein, die mit der Theologie zusammenfällt (Dihle [1989] 380). - „Die Kirchenväter haben die begrifflichen Mittel ihrer Reflexion über das Wesen Gottes in erster Linie dem Platonismus entlehnt und in den Denkbahnen antiker Philosophie trinitarisch entfaltet", so Henneke Gülzow, Platonismus in der christlichen Lehre in: Walther Ludwig (Hrsg.), Die Antike in der europäischen Gegenwart. Referate gehalten auf dem Symposium der Joachim-Jungius-Gesellschaft der Wissenschaften Hamburg am 23. und 24. Oktober 1992 (1993) 95-102, Zitat: S. 100.

[65] Campenhausen 136.

sich aufnahm, eine tiefgreifende Umwandlung erfahren; es ist selber A.<ntike> geworden."[66] Die Rolle der Vermittlung zwischen der paganen Antike und dem Christentum fiel dabei dem Griechentum zu.

Alle drei Religionen wurzeln geographisch in Asien; erst das römische Weltreich mit seiner guten Infrastruktur, die einem Paulus seine weiten Missionsreisen erleichterte und allgemeine Mobilität ermöglichte,[67] und die griechische Kultur verhelfen ihnen zu europäischer Dimension und schließlich zu Weltgeltung. Die Vorstellung, dass die „Vollendung römischer Weltherrschaft … <die> Grundlage der Ausbreitung der christlichen Religion" bildete, ist im Lukas-Evangelium und in der Apostelgeschichte ein zentraler Topos und fand von hier Eingang in die christliche Geschichtsphilosophie, so etwa in den frühchristlichen Apologien des Meliton von Sardeis (2. Jh.) und des Athenagoras.[68]

Dabei darf freilich nicht vergessen werden, dass die militärische Expansion im römischen Weltreich stets propagandistisch gerechtfertigt wurde (Ideologie des ‚bellum iustum', des ‚gerechten Krieges') und vielfach zu repressiven Macht-Strukturen führte. Die vollmundige Formulierung von Heinrich Kraft, nur wenige Jahre nach Ende des Zweiten Weltkriegs niedergeschrieben, sollte vor dem aktuellen historischen Hintergrund eines Krieges in Europa entsprechend relativiert werden.[69]

---

[66] Heinrich Kraft, Antike und Christentum in: Religion in Geschichte und Gegenwart[3] I (1957) 436ff., 436.

[67] Primär diente das gut ausgebaute Straßen-Netz im Imperium Romanum dem Transport von Getreide, dem Handel und dem Militär (Hubert Cancik).

[68] Dihle (1989) 312, vgl. 223.

[69] Nach Hinweisen von Hubert Cancik (brieflich 24.02.2022).

3. Die Abgrenzung von Philosophie und Wissenschaft

„Die sicherste allgemeine Charakterisierung der philosophischen Tradition Europas lautet, daß sie aus einer Reihe von Fußnoten zu Platon besteht." Mit diesem berühmten Bonmot kennzeichnete der britische Philosoph und Mathematiker Alfred Whitehead (1861-1947) die geistesgeschichtliche Rolle Platons.[70] Platon und sein bedeutendster Schüler Aristoteles haben, nach Anfängen in der vorsokratischen Natur-Philosophie, die abendländische Philosophie *neu* begründet, indem sie die Metaphysik im europäischen Denken etablierten: Aus Platons großer Synthese der vorsokratischen Ansätze resultierte zunächst mit dem Beginn metaphysischen Denkens eine erkenntnistheoretisch-methodische Abgrenzung von Philosophie und Wissenschaft; Wissenschaft nun bedurfte der Wissenschaftstheorie, für die wiederum Aristoteles als Begründer der formalen Logik das bis ins Mittelalter gültige Instrumentarium zur Verfügung stellte. Zumindest *gleich*berechtigt neben diese theoretische Leistung tritt des Aristoteles Bedeutung für die Entfaltung der mathematischen und Natur-Wissenschaften sowie für die Begründung einer ersten Art von Universität, des „Peripatos": Aristoteles selbst hat, mit Ausnahme der Mathematik, für fast alle noch heute geläufigen Forschungsfelder den Grundstein gelegt, so für Physik, Meteorologie, Kosmologie und Zoologie.[71] Sein Wissenschaftsbegriff entspricht im Wesentlichen dem modernen.[72]

---

[70] Process and Reality (1929), in der deutschen Übersetzung von Hans-Günter Holl, Prozeß und Realität. Entwurf einer Kosmologie (1979) 91.

[71] Armand Marie Leroi, Die Lagune oder wie Aristoteles die Naturwissenschaften erfand (aus dem Englischen von Sabine Schmidt-Wussow) (2017), rezensiert von Edward Feser, Isis 108, 2017, 684f.: Aristoteles darf, auch nach modernem Standard, als bedeutender Naturwissenschaftler gelten; Leroi behandelt vor allem Aristoteles' Leistungen auf den Gebieten der Biologie, Physik und Chemie.

[72] Bis hierher nach Szlezák, Europa (2010) 234f. 247. 251; seine Einschätzung (S. 89), wonach die antike Naturwissenschaft weder Experiment noch numerische Quantifizierung kannte, kann ich nicht teilen.

4. Die Wiege der Naturwissenschaften (incl. Medizin), der Mathematik und der Technik in der griechischen Antike

Hatte Aristoteles also mit seiner um 335 v. Chr. ins Leben gerufenen Philosophen-Schule einen universitätsähnlichen, kleinteiligen Lehr- und Lernbetrieb mit Spezialisten geschaffen, so war doch auch schon die ca. 387/86 von Platon gegründete „Akademie" ein Zentrum für die Pflege von Fachwissenschaften gewesen.

Aus der Freundschaft mit dem Pythagoreer Archytas von Tarent,[73] die Platon während einer Reise nach Süditalien und Sizilien geschlossen hatte, erwuchsen Studien der Akademiker auf den Feldern der Mathematik, Astronomie und Kosmologie; kritische Auseinandersetzung mit der Musik-Theorie ist aus Platons Schriftwerk ersichtlich.[74] Daneben pflegte man in der Akademie auch zoologische und botanische Studien. In Platons Haus, in dem der Unterricht stattfand, befanden sich neben einer umfangreichen Bibliothek ein Erd- und Himmelsglobus, Landkarten und ein Modell der Planetenbewegungen. Zu den Studenten und Dozenten der Akademie gehörten die Astronomen Eudoxos von Knidos und Herakleides Pontikos sowie der Mathematiker Theaitetos aus Athen, von deren Forschungen später noch zu sprechen sein wird. Nicht zuletzt zählte auch der junge Aristoteles seit 367, also im Alter von 17 Jahren, zu den Schülern der Akademie.[75]

„Der dominierende Einfluß des Platon und des Aristoteles auf das naturphilosophische Denken bis weit übers Mittelalter hinaus ist .. der Hauptgrund für das verbreitete Vorurteil, man habe in der Antike

---

[73] Archytas ist auch in der Technikgeschichte hervorgetreten durch die Konstruktion eines wohl mit Dampf betriebenen Flugobjekts.

[74] Vor allem in seinem Hauptwerk „Der Staat" („Politeía"), z. B.: Po. III 398e/399a ff.; VII 530d ff. (Astronomie und Harmonie-Lehre).

[75] Thomas Alexander Szlezák, Akademeia in: Der Neue Pauly I (1996) 381-386, bes.: 381-383. Vgl. Konrad Gaiser, Platons Zusammenschau der mathematischen Wissenschaften, Antike und Abendland 32, 1986, 89-124.

keine Experimente angestellt",[76] denn beide Philosophen zeichnen sich durch eine explizit „experimentierfeindliche Haltung" aus, die aus dem absoluten Primat der Theorie bei beiden Denkern resultierte. Dass es naturwissenschaftliche Experimente im modernen Sinne gab, und zwar nicht erst seit der hellenistischen Epoche, wird weiter unten zu zeigen sein. Ein ähnlicher Befund ergibt sich bei genauerer Prüfung auch für die Frage der numerischen Quantifizierung von Natur-Phänomenen, das heißt der Messungen: Der zu Beginn des 3. Jh.s v. Chr. in Alexandreia tätige Chirurg Herophilos etwa erfand eine Wasser-Uhr, um ein Maß für die Frequenz des Puls-Schlags zu haben; und das sattsam bekannte Experiment des Archimedes zur Bestimmung des spezifischen Gewichts von Gold und Silber mit Hilfe der unterschiedlichen Wasser-Verdrängung wäre ohne recht genaue Messbecher zu keinem praktikablen Ergebnis gekommen.[77]

Wenn sich diese Studie im Folgenden ganz und gar auf die heutzutage sogenannten „MINT"-Fächer konzentriert,[78] so hat dies seinen Grund *zum einen* darin, dass die eher geisteswissenschaftlichen und philologischen Bereiche in dem oben vorgestellten Buch von Thomas Alexander Szlezák umfassend abgehandelt wurden. Der *tiefere* Grund liegt jedoch in der Bedeutung dieser Fächer für die arabisch

---

[76] Alfred Stückelberger, Einführung in die antiken Naturwissenschaften (1988) 146, ibid. 145f. zu Platons genereller Ablehnung von Experimenten im Timaios (68d2-7: Gott allein ist fähig zu Synthese und Analyse) und von pythagoreischen Versuchen zur Ton-Höhe in Po. VII 530d8: hoi .. Pythagóreioi, 531a1-3; Aristoteles kritisiert etwa Demokrits Experimente mit einem Asche-Gefäß zum Nachweis des Vakuums in seiner „Physik" IV 6. 213b14ff.

[77] Stückelberger (1988) 150. – Szlezák, Europa (2010) 89 unterliegt ebenfalls diesem Irrtum, was verständlich ist, da er, nicht nur als Gräzist, sondern vor allem als Platoniker, von beiden antiken Philosophen stark geprägt ist. Dieses angebliche Defizit der antiken gegenüber den modernen Naturwissenschaften war freilich nicht der einzige Grund, warum Szlezák in seiner Abschiedsvorlesung im Sommer 2006 auf dieses Kapitel (neben Kunstgeschichte) verzichtete: Der Philologe beschränkte sich in kluger Bescheidenheit auf die ihm geläufigen Themen.

[78] MINT = Mathematik, Ingenieurwissenschaften, Naturwissenschaften, Technik.

sprechende islamische Welt: Bereits im 8./9. Jh., das heißt bisweilen früher, als die griechische handschriftliche Überlieferung einsetzt, wurden zahlreiche naturwissenschaftliche Werke der antiken Griechen ins Arabische übersetzt;[79] viele der einschlägigen Texte wurden dem lateinischen Abendland zunächst, im 12. Jh., in lateinischen Übersetzungen bekannt, die ihrerseits aus arabischen Übertragungen geflossen waren. Und häufig wurden diese lateinischen Übersetzungen in der zweiten Hälfte des 15. Jh.s einige Jahrzehnte früher gedruckt als die griechischen Originale.[80] Gutenberg hatte ja zunächst den Buchdruck mit *lateinischen* Lettern erfunden.

In einigen Fällen sind griechische naturwissenschaftliche Autoren ganz oder teilweise *nur* in arabischer Übersetzung erhalten, so zum Beispiel der oben bereits aufgeführte Menelaos, der Kommentar zum 10. Buch der „Elemente" des Euklid von Pappos, die „Pneumatiká" des Philon von Byzanz, einige Schriften des Archimedes und des Mediziners Galen;[81] aufs Ganze gesehen ergibt sich somit eine Ergänzung des Bestandes an griechischer Literatur durch arabische Übersetzungen „bei den exakten Wissenschaften, der Mathematik, der Astronomie" und durch die Texte der Aristoteles-Kommentatoren auch bei den Fragmenten der vorsokratischen Philosophen.[82]

---

[79] Dazu gehört auch der Traktat des Aristarch von Samos; der Übersetzer, Qusta ibn Luqa aus Baalbek (820/26-912/13), war ein arabisch schreibender Christ, vgl. Beate Noack, Aristarch von Samos. Untersuchungen zur Überlieferungsgeschichte der Schrift perì megethóon kaì apostámatoon hälíou kaì selänäs (1992) 37-45. Gotthard Strohmaier, der mich seiner Zeit bei der Fertigstellung des Kapitels über die arabischen Übersetzungen Aristarchs beriet (s. S. 37 Fußn. 1), teilt über Qusta mit, er „führte eine Korrespondenz mit seinem muslimischen Mäzen, der ihn einlud, den Islam anzunehmen" (Strohmaier [1996] 193, Unterstreichung von mir): Hier ist von friedlichem Mäzenatentum und einer Einladung zur Konversion die Rede, nicht von gewaltsamer Ausbreitung des Islam.

[80] So etwa die „Elemente" Euklids.

[81] Die arabischen Übersetzungen griechischer Medizin-Schriftsteller werden ediert im Supplementum Orientale des Corpus Medicorum Graecorum an der Berlin-Brandenburgischen Akademie der Wissenschaften.

[82] Gotthard Strohmaier, Die Fragmente griechischer Autoren in arabischen Quellen in: Walter Burkert et al. (Hrsgg.), Fragmentsammlungen philoso-

Auch in arabischer Überlieferung tradiert wurde das gesamte Corpus Aristotelicum mit Ausnahme der „Politiká", der Techniker Heron von Alexandreia, die „Elemente" des Euklid und die „Große Zusammenstellung" zur Astronomie, griechisch „Megálä sýntaxis" von Klaudios Ptolemaios, die von ihrer arabischen Tradition her den Titel „Al-magest" erhalten hat.

Der historische Hintergrund dieser groß angelegten Übersetzungskampagne ist die Konsolidierung des Abbasiden-Kalifats in der Mitte des 8. Jh.s:[83] Kalif al Mansur ließ auf Staatskosten planmäßig und mit hohem wissenschaftlichem Anspruch antike mathematische und naturwissenschaftliche Texte aus dem Griechischen ins Arabische übersetzen. Die Aneignung von griechischen Manuskripten durch die Araber konnte dabei im Zuge ihrer militärischen Eroberungen erfolgen, etwa als Kriegsbeute in byzantinischen Städten (auf Zypern wurde unter Kalif al Ma'mun [813-833] eine ganze griechische Bibliothek konfisziert); aber auch auf diplomatischem Wege suchten die Moslems sich byzantinische Handschriften zu beschaffen:

---

phischer Texte der Antike (1998) 354-374, 358 und 362.

[83] Vgl. Franz Taeschner, Geschichte der arabischen Welt (1964) 105-137 = „Das islamische Weltreich der Abbasidenkalifen". – Gerhard Endreß, Einführung in die islamische Geschichte (1982) 51ff., bes. 56 (neuplatonische Kosmologie für die „Lehre vom erleuchteten Imam" instrumentalisiert). 60 („Methoden der griechischen Dialektik und Begriffe der griechischen Metaphysik" bis hin zur „„negativen" Theologie nach Art der neuplatonischen Philosophie" im Dienste islamischer Theologie; die Philosophie im Islam gründete „im hellenistischen Milieu des Vorderen Orients"; die griechische Philosophie wurde „durch Übersetzungen des antiken und spätantiken Wissenschaftserbes aus dem Griechischen und Syrischen ins Arabische unter den Muslimen arabischer Sprache immer genauer bekannt" und wurde so zum „Ausgangspunkt schöpferischer Fortbildung"; die islamische Philosophie sah „im neuplatonisch interpretierten Aristoteles den Ersten Lehrer einer universalen und absoluten … Wahrheit"). 66f. (große islamische Philosophen wie al Farabi und Ibn Sina [Avicenna] bemühten sich um die Harmonisierung der antiken Wissenschaften mit dem muslimischen Glauben; trotz aller Vorbehalte „hinterließen Logik und Weltsicht der Griechen tiefe Spuren auch im orthodoxen Islam"; „die Verbindung der platonischen Religion des Geistes mit der Erfahrung der islamischen Mystik ist die Stiftung Avicennas").

„Eine Studiendelegation ... reiste zu diesem Zweck nach Konstantinopel".[84] In byzantinischen Quellen wird berichtet, dass Kalif al
Ma'mun sich bemühte, den Griechen Leon (den „Mathematiker"
oder „Philosophen") nach Bagdad an seine Residenz abzuwerben,
jedoch ohne Erfolg; Leon diskutierte in Byzanz mit den dort weilen-
den arabischen Gelehrten.[85]

Der bedeutendste arabische Übersetzer, Hunain ibn Ishaq (808/9-
873), konnte sogar beide Epen Homers auswendig rezitieren.[86] „Die
Gelehrten im Bagdad der Abbasiden verwendeten die griechische
Mathematik und entwickelten sie so weiter, dass sie den praktischen
Bedürfnissen des islamischen Staates entsprach." So war für Moslems etwa die Erdumfangsberechnung des Eratosthenes (aus dem
nordafrikanischen Kyrene gebürtig) von großem Interesse, um die
korrekte Gebetsrichtung nach Mekka hin gewährleisten zu können;
diesen ziemlich genauen Wert von rund 40.000 km sollte erst der
persische Gelehrte al Biruni (er genießt übrigens in arabo-gräzisti-
schen Fachkreisen den Ruf „eines muslimischen Philhellenen des
Mittelalters"[87]) zu Anfang des 11. Jh.s verbessern.[88] Die in Bagdad
von überwiegend christlichen Syrern und Arabern angefertigten
Übersetzungen zeichnen sich durch „philologische Gewissenhaftig-
keit" und hohes „sprachliches Geschick" aus, so nach dem Urteil
eines Gelehrten, der über volle Sprachkompetenz im Griechischen

---

[84] Strohmaier (1990) 241.
[85] Strohmaier (1990) 241; zum Bericht über Leon und al Ma'mun vgl. auch
      Noack (1992) 37 Fußn. 4 sowie 106-108 zu Leons Bedeutung für die Aris-
      tarch-Überlieferung.
[86] Von den Homer-Kenntnissen Hunais spricht auch Gotthard Strohmaier, Ara-
      bisch-islamisches Kulturgebiet in: Der Neue Pauly XIII (1999) 161-176,
      165; vgl. dens., Homer in Bagdad, Byzantinoslavica 41, 1980, 196-200.
[87] Gotthard Strohmaier, Das Bild der Antike im Werk al-Birunis, eines musli-
      mischen Philhellenen des Mittelalters, International Journal of the Classical
      Tradition 1, 1994, 17-22 (= Vortrag Tübingen 1992).
[88] Simon Price – Peter Thonemann, Die Geburt des klassischen Europa. Eine
      Geschichte der Antike von Troja bis Augustinus (englisch 2010, deutsch von
      Cornelius Hartz 2018) 197f., Zitat: S. 197. – Zu al Birunis „Neuvermessung
      des ... Erdumfangs" vgl. auch Strohmaier (1994) 21 mit Fußn. 13 (weitere
      Literatur).

und Arabischen verfügt.[89] Hunain etwa bereiste den gesamten Vorderen Orient (Mesopotamien, Syrien, Palästina und Ägypten), um griechische Kodizes aufzukaufen, die als Basis der Übersetzungstätigkeit dienen sollten.[90] – Dass der Entdecker Amerikas, Christoph Columbus, durch den zu geringen Erdumfangswert, wie ihn Ptolemaios angab, zur Seereise westwärts nach dem vermeintlichen Indien ermutigt wurde, wird später noch zu betrachten sein.

Die enge Verzahnung zwischen antik-griechischer, abendländisch-jüdisch-christlicher und arabischsprachig-islamischer Kultur lässt sich also namentlich in der Tradierung *naturwissenschaftlicher* Texte festmachen. Wichtig ist hierbei, dass „Islam" als zivilisatorischer Begriff verstanden wird,[91] der seine entscheidende Prägung durch die arabische Sprache erhält, unabhängig vom religiösen Bekenntnis oder der ethnischen Zugehörigkeit ihres Sprechers bzw. Trägers; der oben erwähnte Hunain etwa war nestorianischer Christ arabischer Abkunft, stammte aus Syrien und hatte einen muslimischen Mäzen;[92] „seine perfekten Griechischkenntnisse <hat er> wahrscheinlich durch ein langjähriges Studium in Konstantinopel erworben",[93] das Arabische erlernte er in Basra.[94]

In dem rasch expandierenden theokratischen Staatswesen der Araber entwickelte sich eine „Kultur, die der byzantinischen mindestens ebenbürtig war, hierin eingeschlossen eine Literatur in arabischer

---

[89] Strohmaier (1996) 191f., Zitate: 191.
[90] Strohmaier (1996) 191f.; vgl. dens., Fragmente (1998) 356: „Byzantinischer Import spielte eine untergeordnete Rolle."
[91] Mit Klein-Franke 17 und Strohmeier, Europa (2001) 76: Der „Begriff Islam" bezeichnet die Kultur, zu deren Trägern neben Muslimen auch Christen, Juden und Heiden gehörten.
[92] Gotthard Strohmaier, Die christlichen Schulen in Bagdad und der alexandrinische Kanon der Galenschriften, Oriens 36, 2001, 268-275, 268.
[93] Strohmaier (1999) 165, ders. (1990) 242 (Studium in Konstantinopel um 830).
[94] Opelt 18-23 (Griechischunterricht in Alexandreia; Strohmaier, christl. Schulen [2001] 268f. dagegen stellt fest, dass Hunain erst in höherem Lebensalter einmal in Alexandreia gewesen sei auf der Suche nach Galen-Handschriften).

Sprache."[95] Freilich ist eine „abgrundtiefe Fremdheit … zwischen der byzantinischen und der islamischen Kultur"[96] festzustellen; ferner ist zu beachten, dass „in einigen Disziplinen wie etwa der Medizin eine nahezu totale Hellenisierung erfolgt ist, während auf das ganze der islamischen Kultur gesehen der griechische Einfluß gering und oberflächlich blieb."[97] Gleichwohl nahmen sowohl Abbasiden- als auch Omaijaden-Kalifen byzantinische Künstler in ihre Dienste und importierten mit den Ausführenden auch griechisch-römische Bild-Kunst in ihre Moscheen und Paläste; „selbst das oft strikt gehandhabte"[98] Verbot der Darstellung menschlicher Wesen in der islamischen Welt wurde dem antikisierenden Kunst-Sinn der Regenten geopfert: In ihren privaten Jagd- und Lust-Schlössern ließen die Omaijaden zum Beispiel ein Boden-Fresko mit der Büste der griechischen Erdgottheit Gaía oder sogar Bildnisse historischer Gestalten wie des byzantinischen Kaisers oder des Westgoten-Königs anbringen. Besonders erstaunlich ist ein von einem byzantinischen Maler geschaffenes Wand-Gemälde im Palast des Abbasiden-Kalifen al Mutawakkil (847-861) in seiner Residenzstadt Samarra (nördlich von Bagdad): Es zeigt eine Kirche mit betenden Mönchen.[99]

Auch im wissenschaftlichen Diskurs gab es Anregungen über die Grenzen der Religionen hinweg; so haben die Muslime gern die Widerlegungen der Weltewigkeit des christlichen Aristoteles-Kommentators Johannes Philoponos aufgegriffen (dessen Kommentare übrigens zum Teil nur in arabischer Übersetzung vorliegen);[100] das Weltewigkeitsdogma, wie es Aristoteles etwa in den „Meteoorologiká" vertrat, widersprach natürlich dem christlichen und muslimischen Schöpfungsglauben. Andererseits finden sich Reflexe von Johannes' Schrift „Gegen Aristoteles über die Weltewigkeit" im

---

[95] Strohmaier (1990) 234.
[96] Strohmaier (1990) 235.
[97] Strohmaier (1981) 202.
[98] Formulierungsvorschlag des Islamwissenschaftlers Dr. Thomas Würtz (Freie Universität Berlin).
[99] Zur Bild-Kunst s. Strohmaier (1990) 243-244.
[100] Strohmaier (1996) 192.

Kommentar zu Aristoteles' Abhandlung „Über den Himmel" aus der Feder des nicht-christlichen Neuplatonikers Simplikios, der zusammen mit dem nachmaligen Leiter der platonischen Akademie in Athen Damaskios (geb. in Damaskos um 462) und dem Christen Johannes Philoponos in Alexandreia bei Ammonios (Sohn des Hermeias) Philosophie studiert hatte.

Die Schule der Neuplatoniker in Alexandreia blieb in Betrieb bis zur Eroberung der Nil-Metropole durch die Moslems (642) und hatte eine beachtliche Fernwirkung in den griechisch-byzantinischen und in den syrisch-mesopotamischen Raum; bei den syrischen Christen fiel der Aristotelismus neuplatonischer Prägung auf fruchtbaren Boden, während die Christen in Ägypten selbst, die Kopten, „so gut wie nichts" für die Tradierung antik-griechischer Wissenschaft und Philosophie an die Araber beitrugen.[101] Nachdem die Abbasiden ihre neue Hauptstadt Bagdad gegründet hatten (762/63), förderten sie die Übersetzungen griechischer Texte ins Syrische und die Studien des syrischen Klerus; die arabisch-sprachigen muslimischen Gebildeten im Umfeld des Abbasiden-Hofes empfanden aber auch zunehmend ein Bedürfnis nach arabischen Übersetzungen, als sie sich ihrer intellektuellen Unterlegenheit gegenüber ihren christlichen Gesprächspartnern bewusst wurden. So darf man die arabische Rezeption griechischen Wissens als ein „bodenständiges Fortleben"[102] der spätantiken alexandrinischen Schule des Neuplatonismus betrachten. Das gemeinsame Interesse am Wissensfundus der ,alten' Griechen überschritt auch weiterhin die religiösen Grenzen: Ein arabischer Literat des 9. Jh.s kennzeichnete die Haltung der Moslems in Bagdad gegenüber ihren christlichen Mitbürgern als eine respektvolle, zumal Christen so angesehene Berufe wie den des Mediziners oder Sekretärs ausübten; und es „herrschte ein kollegialer Geist

---

[101] Zum „Antihellenismus der Kopten" vgl. Strohmaier (1990) 241 mit Fußn. 41.
[102] Gotthard Strohmaier, Die Griechen waren keine Europäer in: Eckhard Höfner – Falk Peter Weber (Hrsgg.), Politia litteraria. Festschrift Horst Heintze (1998) 198-206, 203; ders., Europa (2001) 76f.; ders. (1997) 107.

unter den Wissenschaftlern".[103] Um die Jahrtausendwende standen die beiden bekanntesten arabischen Gelehrten, der schon genannte al Biruni und der Arzt Avicenna (ibn Sina), in freundschaftlichem wissenschaftlichem Dialog mit einem christlichen Mediziner, und „wo eine heftige literarische Fehde ausbrach, … war sie nicht durch das religiöse Bekenntnis bedingt."[104]

4.1. Chemie und Astronomie

Neben dem schon erwähnten arabisierten Werk-Titel „Al-magest" begegnet der arabische Artikel „al" in dem wohl weitaus bekannteren Terminus „Al-chemie" zur Bezeichnung der pseudo-wissenschaftlichen Schwester der Chemie.[105] Auf die nicht ganz einfache Abgrenzung zwischen und auf die gegenseitige Beeinflussung von Chemie und Alchemie (ähnlich bei Astronomie und Astrologie) kann hier nicht näher eingegangen werden,[106] nur so viel sei gesagt, dass „Chemie und Alchemie … miteinander verwachsen" [107] sind und dass das „Verhältnis zwischen Chemie und Alchemie … anders <ist> als das zwischen Astronomie und Astrologie":[108] Denn während die Astrologie aus der Astronomie zu einem Zeitpunkt abgeleitet wurde, als letztere bereits eine mit mathematischen Methoden arbeitende Wissenschaft war, erwuchs die Alchemie aus einer nicht

---

[103] Strohmaier (1995) 61f., Zitat: 62.
[104] Strohmaier (1995) 62.
[105] Stückelberger (1988) S. 106 mit Fußn. 229 erklärt die sprachliche Arabisierung des Begriffs aus dem Schwinden des Interesses an der Alchemie im abendländischen Kulturbereich der Spätantike, während man sich im arabischen Raum intensiv um diese Pseudowissenschaft bemüht habe.
[106] Vgl. Dietlinde Goltz, Versuch einer Grenzziehung zwischen ‚Chemie' und ‚Alchemie', Sudhoffs Archiv 52, 1968, 30-47; Wolfgang Hübner, Die Begriffe „Astronomie" und „Astrologie" in der Antike. Wortgeschichte und Wissenschaftssystematik, mit einer Hypothese zum Terminus „Quadrivium" (1990) (= Abhandlungen der Akademie der Wissenschaften und der Literatur Mainz, geistes- und sozialwissenschaftliche Klasse 1989/7).
[107] Robert James Forbes, Chemie in: Realenzyklopädie für Antike und Christentum II (1954) 1061-1073, 1061.
[108] Forbes 1061.

messenden oder quantifizierenden Chemie.[109] Die Befruchtung der seriösen Naturwissenschaft durch die Pseudowissenschaft zeigte sich etwa darin, „daß den Alchemisten bei ihren Untersuchungen eine Fülle von wirklichen chemischen Entdeckungen gelang".[110]

Die Betrachtung wird zunächst bei diesen beiden Wissenschafts-zweigen, der Chemie und der Astronomie, verweilen, weil hier ein Phänomen besonders schön illustriert werden kann, welches der Hamburger Latinist Walther Ludwig treffend als „Kryptoantikes in der Gegenwart"[111] bezeichnet hat. Gemeint ist die Nomenklatur in beiden Fächern, nämlich die Benennung von Planeten (und deren Monden) im Sonnensystem bzw. von einigen der chemischen Ele-mente des Periodensystems; zu den Namen der Stern-Bilder wird später noch einiges auszuführen sein:

Astronomie, Kosmologie, die Erforschung des Universums durch Teleskope, die Raumfahrt, die Urknall-Theorie, neuerdings die „Schwarzen Löcher" und dergleichen gehören ohne Zweifel zu den populärsten Themen der modernen Naturwissenschaften; we-niger im Bewusstsein ist hingegen die Tatsache, dass nicht nur das amerikanische Programm der bemannten Raumfahrt in den 60er und 70er Jahren des vergangenen Jh.s nach dem griechischen Gott Apollo(n) benannt wurde, sondern dass auch die Planeten unse-res Sonnensystems die lateinischen Namen des griechischen Göt-ter-Apparats tragen, zwei, der Uranos und der Pluto(s), sogar den griechischen.[112] (Abb. 4: Sonnensystem incl. Pluto) Der der Sonne am nächsten stehende und daher am schnellsten umlaufende Merkur trägt seinen Namen nach dem schnell eilenden Götter-Boten, grie-chisch Hermes; gefolgt von Venus, der griechischen Liebesgöttin

---

[109] Forbes 1061.

[110] Fritz Krafft, Chemie in: Lexikon der Alten Welt (1965) 574-577, 576.

[111] Walther Ludwig, Einführung in die Thematik in: ders. (Hrsg.), Die Antike in der europäischen Gegenwart (1993) 9-18, 13.

[112] Wolfgang Hübner, Antike in der Astrologie der Gegenwart in: Ludwig (Hrsg.) (1993) 103-124, 112f. nennt die Gründe hierfür. Auf diesem Aufsatz basieren obenstehende Ausführungen.

Aphrodite, die als hellstes Gestirn nächst dem Mond Lebensfreu-
de und Liebreiz spendet; die rötliche Farbe des Mars, des Kriegs-
gottes Ares, assoziierte man mit Blut, Feuer und Aggression. Der
größte Planet erhält passenderweise den Namen des Götter-Vaters
Jupiter = Zeus; der von der Sonne nächst weiter entfernte Planet
wird nach des Zeus Vater Kronos = Saturn benannt.[113] Als Galileo
Galilei im Jahr 1610 die vier größten Jupiter-Monde entdeckte, wurden diese nach den Geliebten des Zeus mit den Namen Kallisto,
Io, Europa natürlich und Ganymed benannt.[114] Vom 18. bis 20. Jh.
werden schließlich die drei mit bloßem Auge nicht sichtbaren äußersten Planeten des Sonnensystems entdeckt: 1781 Uranus durch
Wilhelm Herschel; 1846 Neptun = Poseidon durch Johann Gottfried
Galle; und 1930 Pluto, der übrigens im Jahr 2006 zum Zwerg-Plane-
ten degradiert wurde. Mit Uranus wird die Generationen-Folge der
griechischen Götter-Familien nach oben fortgesetzt (Ares/Mars ist
Sohn des Zeus/Jupiter, dieser Sohn des Kronos/Saturn, dieser Sohn
des Uranos); Poseidon und Plutos kehren als Brüder des Zeus zur
Generation des Olympischen Götter-Vaters zurück. Man sieht, wie
die „enorme Anpassungsfähigkeit des griechischen Polytheismus"
die „Integration der neuentdeckten Planeten in das antike System"[115]
mühelos ermöglichte.

---

[113] Die Genealogie der Götter folgt Hesiods „Theogonie".

[114] Kallisto: Nymphe aus dem Gefolge der Artemis, von Zeus geschwängert;
als Artemis Kallistos Schwangerschaft beim Baden entdeckt, verwandelt
sie sie in eine Bärin; in der Gestalt der „Großen Bärin" wurde Kallisto als
Stern-Bild an den Himmel versetzt. - Io: Tochter des Fluss-Gottes Inachos,
Hera-Priesterin, von Zeus geschwängert; in eine Kuh verwandelt, ließ die
eifersüchtige Hera Io von dem hundertäugigen Argos (daher übrigens der
Ausdruck „Argus-Augen") bewachen, den jedoch Hermes tötete; daraufhin
ließ Hera die Kuh gestaltige Io von einer Bremse verfolgen und durch viele
Länder jagen, bis sie endlich in Ägypten zur Ruhe kam; dort wurde Io in
menschliche Gestalt zurück verwandelt und gebar den Epaphos. Io wurde in
Ägypten mit der Göttin Isis gleichgesetzt. – Ganymed: Sohn des eponymen
Königs von Troja, Tros, galt als Schönster der Sterblichen; Zeus entführte
ihn in Gestalt eines Adlers oder durch seinen Adler und machte ihn zu seinem Geliebten und zum Mundschenk der Götter auf dem Olymp.

[115] Hübner (1993) 119 bzw. 109.

Der griechische Götter-Apparat der archaischen Epik und ein philosophisches Gedankenkonstrukt, welches bereits in Platons Dialog „Timaios" angelegt und von der hellenistischen Philosophen-Schule der „Stoa" weiter entwickelt wurde, nämlich die „Lehre von … der strukturellen Analogie von Mikrokosmos und Makrokosmos",[116] führten in Kombination dazu, dass Ende des 18. und dann wieder im 20. Jh. drei chemische Elemente in Anlehnung an die drei zuletzt entdeckten Planeten des Sonnensystems ihre Namen erhielten: (1) Acht Jahre nach Entdeckung des Planeten Uranus isolierte der Chemiker Martin Heinrich Klaproth das damals schwerste bekannte Metall und benannte es nach dem damals (1789) äußersten bekannten Planeten Uranus als Uran. Wie man auf Grund von Bahn-Störungen des Uranus weitere Planeten vermutet und 1846 bzw. 1930 mit Neptun bzw. Pluto auch entdeckt hatte, so wurden auch chemische Elemente jenseits des Urans, Trans-urane, postuliert: (2) 1940 erzeugten Edwin M. McMillan und Philip H. Abelson in Berkeley das Neptunium, und (3) im selben Jahr wurde, ebenfalls in Berkeley, von Glenn T. Seaborg und anderen Plutonium hergestellt.[117] Wie Uranus, Neptun und Pluto immer weiter von der Sonne entfernt sind, so nimmt das Atom-Gewicht von Uran, Neptunium und Plutonium schrittweise zu.

Die Parallelisierung zwischen Astronomie und Chemie bzw. Atom-Physik, die durch antike Denkmuster begünstigt wurde, geht indessen noch einen Schritt weiter: „In der parallelen mythologischen Nomenklatur der neuen Planeten und Elemente war die Analogie .. längst angebahnt, bevor Ernest Rutherford und Niels Bohr das sogenannte „planetarische" Atommodell erdachten mit einem Kern in der Mitte und Elektronen, die diesen Kern wie Monde oder Planeten umkreisen."[118] (Abb. 5) Im Prinzip hat dieses Atom-Modell (mit einigen Modifizierungen hinsichtlich etwa des wahrschein-

---

[116] Hübner (1993) 105.
[117] John Emsley, Nature's Building Blocks. An A – Z Guide to the Elements (2001) 274 bzw. 324.
[118] Hübner (1993) 122.

lichen Aufenthaltsortes der Elektronen) bis heute Gültigkeit; und es muss vorerst ein Gedanken-Modell bleiben, denn es ist zwar mit moderner Raster-Tunnel-Mikroskopie möglich, einzelne Atome sichtbar zu machen,[119] nicht jedoch die unterhalb dieser Ebene anzusiedelnden Elementarteilchen wie Protonen, Elektronen, Neutronen, Quarks etc.

Vereinfacht wurde die Parallelisierung von Planeten- und Elementen-Namen dadurch, dass der Planet „Erde" namensgleich war mit einem der antiken vier Elemente Erde, Wasser, Luft und Feuer,[120] wie sie der Vorsokratiker Empedokles im 5. Jh. v. Chr. als erster bestimmt hatte und Aristoteles später in seinem chemischen Traktat, der als viertes Buch der „Meteoorologiká" überliefert ist,[121] mit je zwei der vier Grundqualitäten warm/kalt und feucht/ trocken kombinierte.[122]

Hier zeigt sich ein fundamentaler Unterschied zwischen antiker und moderner Chemie: Der Element-Begriff ist ein völlig anderer, was jedoch angesichts der geringen technischen Möglichkeiten in der Antike selbstverständlich ist. Ferner sind Name und Vorstellung ei-

---

[119] Siehe z. B. Stefan Fränzle - Bernd Markert - Simone Wünschmann, Introduction to Environmental Engineering (2012) S. 246 Figure 3.11.

[120] Hübner S. 122 Fußn. 59.

[121] Für echt aristotelisch halten die Schrift so fundierte Aristoteles-Kenner wie Ingemar Düring, Aristoteles (1966) 382 und ders., Aristotle's Chemical Treatise Meteorologica Book IV (1944) sowie Heinz Happ, Der chemische Traktat des Aristoteles. Meteorologie IV in: Hellmuth Flashar – Konrad Gaiser (Hrsgg.), Synusia. Festgabe für Wolfgang Schadewaldt zum 15. März 1965 (1965) 289-322, bes.: 289. 298. 299 („lógos bezeichnet … den lógos täs meíxeoos, die chemische Mischungs- und Strukturformel, die wie unsere Formeln festlegt, in welchem Verhältnis zueinander die einzelnen Stoffe in einer Verbindung enthalten sind.). 304. 306ff. (drei Argumente für die Echtheit: Teleologie, Sprachreflexion, konstruktiv-schematische Denkweise). 312. 313: „Beginn einer wissenschaftlichen Chemie"; ebenso der Wissenschaftshistoriker Fritz Krafft, Chemie in: Lexikon der Alten Welt (1965) 574-577, 575.

[122] Luft: warm+feucht; Feuer: warm+trocken; Erde: kalt+trocken; Wasser: kalt+feucht (Aristoteles, Meteorologica IV 1. 378b22ff., vgl. De generatione et corruptione I 10).

nes kleinsten, unteilbaren (griechisch á-tomon zum Verb témnein – „schneiden", mit bedeutungsnegierendem Alpha-privativum) Teilchens zwar antik, doch weiß die moderne Atom-Physik seit ca. 1902, dass es unterhalb der Atom-Ebene noch diverse kleinere Elementarteilchen gibt.[123] Die unterschiedliche Auffassung des Atom-Begriffs in antiker und moderner Chemie korrespondiert mit den je differierenden Definitionen von Chemie: Während der niederländische Wissenschaftshistoriker Robert James Forbes (1900-1973) Chemie mit Blick auf die Antike definiert als „Wissenschaft von der Struktur der Stoffe und ihren gegenseitigen Verbindungen",[124] würde der moderne Chemiker hier den Zusatz machen „auf der inter-atomaren Ebene".[125] Trotz aller insoweit verständlicher Abstriche hat auch die Chemie ihre Wurzeln in der griechischen Antike.

Bevor dieses Thema noch eingehender behandelt wird, sei an dieser Stelle ein Blick auf das Periodensystem der chemischen Elemente (Abb. 6) geworfen:

Bei einem Durchgang durch das Elementensystem fallen einige lateinische und noch mehr genuin griechische Namen auf, die ebenfalls der antiken Mythologie entnommen sind; dies sind im Einzelnen: Tellur zu Tellus, griechisch Gaía oder Gä, die Erdgöttin; Cer, zu Ceres, griechisch Demeter, die Göttin des Ackerbaus; Palladium, von dem Asteroiden Pallas abgeleitet,[126] Pallas ist der Beiname der athenischen Stadtgöttin Athene; Helium nach dem Sonnengott Hälios; Selen nach der Mondgöttin Selänä; Kadmium nach dem eingangs erwähnten phönizischen Prinzen und Bruder der Europa Kadmos;[127] Europium nach dessen Schwester Europa; Promethium, neben Cer

---

[123] Mit der Entdeckung des radioaktiven Zerfalls, durch den neue Elemente entstehen.

[124] Forbes 1071.

[125] Mündlicher Hinweis von Stefan Fränzle.

[126] N. A. Figurowski, Die Entdeckung der chemischen Elemente und der Ursprung ihrer Namen (russisch 1970, deutsch von Leo Korniljew und Ernst Lemke 1981) 152.

[127] Figurowski 117.

und Europium ein weiteres Element der (im System vorletzten) Lanthanoiden-Reihe, nach dem Titanen Prometheus; und schließlich Titan nach dem vor-olympischen Götter-Geschlecht der Titanen selbst. Die Sinnhaftigkeit *all* dieser Namen kann hier nicht weiter verfolgt werden; zur Illustration seien lediglich zwei besonders signifikante Beispiele herausgegriffen: Tantal und Niob. (1) Tantal erhielt seinen Namen, „weil das Oxid dieses Metalls außerordentlich beständig war und selbst im Säureüberschuß kein Salz bildete. Es konnte sich – so schien es – nicht mit Säure sättigen, ebenso wie der von Zeus bestrafte König Tantalus aus der griechischen Sage bis zum Halse im Wasser stehend und von Durst gequält, diesen doch nicht befriedigen konnte (weil das Wasser zurückwich, wenn er davon trinken wollte)".[128] (2) Und über Niob heißt es, es sei ein „Element .., das Tantal in seinen Eigenschaften nahesteht. Dieses neue Element … <wurde daher> Niobium, nach Niobe, der Tochter des Tantalus", [129] genannt. Auch hier greift also wieder das Prinzip der Generationen-Folge, wie im Falle der Planeten Uranus – Saturn – Jupiter – Mars.

4.2. Chemie

Unter den in der griechischen Antike wurzelnden modernen Naturwissenschaften sei zunächst die Chemie behandelt, da hier die meisten Unklarheiten bestehen, nicht nur, wie oben bereits dargelegt, über die antiken Wurzeln, sondern selbst über den Ursprung des Namens. Für die Etymologie wurde neben dem Arabischen, dem die verschwisterte Pseudo-Wissenschaft *Al*-chemie fraglos den bestimmten Artikel verdankt, sogar das Chinesische bemüht (von einem Wort „kin", das „Gold" bedeuten soll); auch der altägyptische Landesname „Chámía" wurde als Erklärung herangezogen.[130] Bei

---

[128] Figurowski 148.
[129] Figurowski 149.
[130] Dies und das Folgende nach Hjalmar Frisk, Griechisches etymologisches Wörterbuch II³ (1991) 1124 s. v. „chymeía, auch chámeía = ‚Kunst der Me-

aller Unsicherheit der Worterklärung scheint doch die Ableitung aus dem *Griechischen* sprachlich plausibel;[131] auch dürfte mit der Entwicklung zumindest einer Vorform dieser Wissenschaft im antiken Griechenland die Wortschöpfung im Griechischen automatisch einhergehen:[132] Das Substantiv „Chemie" dürfte zu dem Verb chéoo – „gießen" gehören und zu den verwandten Substantiven tò chýma – „das Ausgegossene, Guß, Metallmischung" sowie ho chymós – „der Saft"; die gut indo-europäischen Ablautungsstufen des Vokals Epsilon zu Äta bzw. zu Ypsilon sind aus dem griechischen Verbalsystem sattsam bekannt, man vergleiche etwa: ché-oo, Perfekt: ké-chy-ka; tí-thä-mi, Aorist: é-the-san. Das Substantiv chämeía oder chymeía ist zwar erst in spätantiken Texten belegt.[133] Von der *Sache* her lässt sich eine chemische Fragestellung jedoch bereits für den Vorsokra-

---

tallverwandlung'".

[131] Mit Hermann Diels, Antike Chemie in: ders., Antike Technik. Sieben Vorträge³ (1924) 121-154, bes.: 123f.: Diels erklärt freilich den Wechsel der Vokale Äta, Ypsilon, Iota mit dem kaiserzeitlich-byzantinischen Itazismus der Aussprache des Griechischen; im Anschluss an Diels auch Forbes 1062. - Hermann Diels (1848-1922), 1872-1877 als Gymnasiallehrer in Flensburg und Hamburg tätig, wurde 1881 Ordentliches Mitglied der Preußischen Akademie der Wissenschaften zu Berlin, wo er auch an den Commentaria in Aristotelem Graeca mitarbeitete; besondere Verdienste hat er sich um die Herausgabe der Fragmente der Vorsokratiker erworben. Er war Vater des Chemikers und nachmaligen Nobelpreisträgers (1950) Otto Diels.

[132] Stückelberger (1988) 102 zurückhaltend: „Eine selbständige Fachwissenschaft der Chemie hat sich in der Antike nie herausgebildet, fehlten doch alle Voraussetzungen für eine wissenschaftliche Analyse der Stoffe." – Von den Abstrichen, die angesichts des Fehlens der technologischen Möglichkeiten in der Antike eingeräumt werden müssen, war oben im Text bereits die Rede; diese Einschränkungen sind jedoch auch für andere antike Naturwissenschaften zu machen (wie etwa die Astronomie), deren Wurzeln fraglos in der Antike verortet werden. – Ähnlich Krafft 574: „Von einer Chemie im modernen Sinne kann man für die Antike nicht sprechen." Krafft räumt aber im selben Atemzug ein, dass sich in den griechischen, insbesondere den aristotelischen Elementen-Lehren sowie in der Alchemie Ansätze zu einer chemischen Theorie fanden, so dass „die neuzeitliche Chemie ihre wesentlichen Impulse, die sie über das rein technische Wissen von Antike und Mittelalter hinausführten", aus diesen Quellen empfangen habe.

[133] Im Edikt des Kaisers Diocletian (284-305), s. Suda s. v. Dioklätianós und chämeía, sowie bei alchemistischen Autoren des 4./5. Jh.s, zuerst bei Zosimos (s. weiter unten im Text).

tiker und Begründer der antiken Atom-Theorie, Demokrit (im 5. Jh. v. Chr.) nachweisen: Er verfasste ein in Fragmenten überliefertes Werk „Über Säfte" („Perì chymóon"), in dem er Geschmackseigenschaften von Stoffen wie süß, sauer, salzig, bitter etc. auf bestimmte Formen von Atomen zurückführte, in moderne Terminologie übertragen: auf Molekularstrukturen.[134]

Der älteste vollständig erhaltene chemische Traktat stammt indessen von Aristoteles: Das bereits erwähnte vierte Buch der „Himmelserscheinungen", Meteoorologiká, bietet eine „geschlossene Darstellung des auch sonst bei Aristoteles bezeugten Materiekonzeptes mit den vier Grundelementen, denen je zwei Grundqualitäten zugeordnet sind",[135] wobei feucht/trocken die passiven, warm/kalt hingegen die aktiven Kräfte darstellen, die für die Veränderungsprozesse der Materie verantwortlich sind. Aristoteles unterscheidet zwischen rein mechanischen Stoff-Mischungen, synthéseis, und Stoff-Verbindungen, meíxeis, modern gesprochen: chemischen Verbindungen, „bei denen die sich verbindenden Stoffe sich verwandeln .. und eine neue Einheit .. bilden",[136] mit je neuen chemischen Eigenschaften. Diese auch andernorts bei Aristoteles bezeugte sogenannte „Transmutationslehre"[137] darf man wohl als Ursprung der modernen Chemie betrachten.

Im 3. Jh. v. Chr. schrieb ein aus der Stadt Mendes im Nildelta gebürtiger Neupythagoreer namens Bolos in Alexandreia unter dem Pseudonym „Demokritos" (und wohl in der Tradition von Demokrits Schrift „Perì chymóon") Texte chemisch-technischen Inhalts,

---

[134] Fragmente der Vorsokratiker von Diels-Kranz Nr. 68 Fr. A 33 und 129ff.; vgl. den Schriften-Katalog Demokrits bei Diogenes Laertios 9.46. – Stückelberger (1988) 102f.

[135] Stückelberger (1988) 104.

[136] De generatione et corruptione 328b22, nach Stückelberger (1988) 103-104.

[137] Vgl. Stückelberger (1988) 171. - Happ 298: „pépsis – apepsía: Das Ziel alles chemischen Werdens. Das Wort pépsis bezeichnet in <Aristoteles'> Met. 4 … das Zustandekommen einer chemischen ›Substanz‹ unter der Einwirkung von Wärme".

aus denen in der römischen Kaiserzeit Exzerpte mit dem Titel „Physik und Mystik" erstellt wurden; diese Auszüge sind nur indirekt bei späteren Autoren überliefert.[138] Bolos hat in seinen Werken neben pseudowissenschaftlichen Elementen auch „griechische Grundgedanken in die Chemie" eingebracht, wie etwa das „Gesetz der Sympathie und Antipathie der Stoffe" oder das (aus Aristoteles bekannte) „System der vier Qualitäten" (feucht/trocken, warm/kalt). Aristoteles und Bolos lieferten so zur Praxis der Chemie die Theorie nach:[139] „Aus der praktischen Chemie … entwickelten sich theoretische Betrachtungen über den Aufbau der Materie; diese theoretische Chemie wurde <in hellenistischer Zeit> in Laboratoriumsversuchen geprüft und ausgebaut."[140]

Um 300 n. Chr. wirkte, ebenfalls in Alexandreia, der aus der oberägyptischen Stadt Panopolis stammende Zosimos, bei dem erstmals in der griechischen Literatur das Wort chämeía belegt ist;[141] in seinem rund 28 Bücher umfassenden opus magnum „Cheirokmeta" breitet er die Theorie und Praxis der zeitgenössischen Chemie und Alchemie aus. Bei Zosimos ist die Verbindung der Chemie mit theosophisch-religiösen Motiven endgültig vollzogen: „Das Studium der wissenschaftlichen Chemie kommt dann praktisch zum Stillstand und wird erst von den Arabern wiederaufgenommen."[142]

Auch der Einsatz von zum Teil anspruchsvollen Apparaten, um chemische Prozesse in Gang zu setzen, etwa von Öfen (griechisch kamänion, daher das deutsche Lehnwort „Kamin") zur Einleitung thermo-chemischer Vorgänge, mutet durchaus modern an;[143] dass

---

[138] Max Wellmann, Bolos Nr. 3 in: Realencyclopädie der classischen Altertumswissenschaft III 1 (1897) 676f.
[139] Forbes 1068.
[140] Zitate aus Forbes 1061 (Unterstreichung von mir).
[141] Ed. Marcelin Berthelot, Collection des anciens alchimistes grecs (1888) 107ff.
[142] So Forbes in der Realenzyklopädie für Antike und Christentum II (1954) 1070 (Unterstreichungen von mir).
[143] Stückelberger (1988) 108. 109 mit Abb. 12.

die antiken Chemiker naturgemäß nur auf Grund von Empirie und ohne tiefere Einsicht in die Struktur der Materie arbeiten konnten, tut ihrem wissenschaftlichen Impetus keinen Abbruch.[144]

4.3. Experimente

Bevor die Untersuchung auf den eingangs erwähnten Aristarch von Samos und damit die Astronomie zurückkommt, seien hier die oben angekündigten Beispiele für naturwissenschaftliche Experimente aus der griechischen Antike angeführt, und zwar nur eine Auswahl besonders bekannter Fälle: Zunächst eine Definition von „Experiment", die modernen Ansprüchen genügt: Das Experiment ist eine „gezielte Befragung der Natur",[145] die „planmäßig" und „unter kontrollierten Bedingungen" durchgeführt wird,[146] mit dem Ziel, neue Informationen und Erfahrungsdaten zu gewinnen oder eine Theorie zu verifizieren bzw. zu falsifizieren.[147]

In Aristoteles' Polemik gegen die „Experimentierfreudigkeit" des Atomisten Demokrit steckt zugleich der Bericht über Demokrits Versuch, mit Hilfe eines mit Asche gefüllten und eines vollkommen leeren Gefäßes und der Differenz der jeweils aufgenommenen Wasser-Menge den Nachweis über das Vakuum zwischen den Materie-Teilchen zu führen.[148]

---

[144] Mit einem „Noch-nicht" in der Wissenschaftsgeschichte zu operieren, ist nicht statthaft (Prof. Dr. Eberhard Knobloch, Technische Universität Berlin, Vorlesung über Geschichte der Naturwissenschaften und der Technik in der Antike im Wintersemester 1987/88).

[145] Szlezák, Europa (2010) 89.

[146] So schon bei Heron von Alexandreia (1. Jh. n. Chr.), Pneumatik, Kapitel 1: parà phýsin, ek bías, das heißt „wider die Natur" und „gewaltsam" habe das Experiment zu erfolgen.

[147] Vgl. Stückelberger (1988) 146.

[148] Aristoteles, Physik IV 6. 213b14ff., nach Stückelberger (1988) 138. Zum Vakuum neuerdings: Ernst A. Schmidt, Das Leere. Eine Untersuchung der Theorien in Antike und früher Neuzeit (2021) und ein Specimen zu seiner Monographie in der Miszelle u. d. T. Eutonie. Zur Frage des Zusammenhangs

Ans Ende des 5. Jh.s v. Chr. ist die Abhandlung „Über die Natur des Kindes" zu datieren, die im Corpus Hippocraticum enthalten ist; darin findet sich „ein glänzendes biologisches Experiment" (auf Griechisch „histórion") beschrieben (Kap. 29): Eine gegebene Anzahl von am selben Tage gelegten Hühnereiern = n wird einer Anzahl von Hühnern = n zum Ausbrüten unterlegt; an jedem der Beobachtungstage in der Anzahl von n entnimmt man einem Huhn ein Ei und öffnet es: Aus der Embryonalentwicklung des Kükens kann man nun Rückschlüsse auf die menschliche Embryonalentwicklung ziehen.[149]

In der Epoche des Hellenismus erleben die Naturwissenschaften in der Nil-Metropole Alexandreia mit der großen bibliothäkä und dem Forschungszentrum am museíon unter der Ägide der Dynastie der Ptolemäer einen noch nie dagewesenen Aufschwung; auch naturwissenschaftliche Experimente haben jetzt Hochkonjunktur. Im Folgenden seien drei wichtige und bekannte Beispiele vorgestellt:

(1) „Heúräka!" – „Ich hab's gefunden!" rief Archimedes aus Syrakus, als er in die Badewanne stieg und dadurch das Badewasser zum Überlaufen brachte: Auf dem Prinzip der Wasser-Verdrängung beruhte denn auch seine Methode, um das spezifische Gewicht von Gold bzw. Silber zu bestimmen und so die Reinheit der angeblich aus purem Gold bestehenden Krone des Ptolemäer-Königs zu überprüfen; da „bei gleichem Gewicht ein Goldklumpen ein kleineres Volumen hat als ein Silberklumpen", verdrängt er auch weniger Wasser.[150]

(2) Der Techniker und Maschinen-Bauer Heron von Alexandreia (1. Jh. n. Chr.), der übrigens auch schon das Prinzip der Dampf-Maschine erdachte und einen „Dampf-Kugel" genannten Apparat baute,[151] beschreibt in seinem Traktat „Pneumatiká" (Kap. 1), in

---

des Begriffs in altstoischer Naturphilosophie und antiker Mechanik (Geschützbau, Pneumatik), Hermes 150, 2022, 117-121.

[149] Stückelberger (1988) 143f.

[150] Vitruv, De architectura 9 praefatio 11ff. bei Stückelberger (1988) 147f.

[151] Stückelberger (1988) 97, vgl. die Beschreibung der Dampf-Kugel bei Heron, Pneumatik 2.11.

dem mit Luft- oder Wasser-Druck betriebene Maschinen vorgestellt werden, ein Experiment zum Nachweis der Existenz von gasförmiger Materie: Er taucht ein scheinbar leeres (in Wahrheit natürlich Luft enthaltendes) Gefäß mit der Öffnung nach unten vollständig in Wasser: Die Beobachtung, dass kein Wasser eindringt, dient ihm zum Nachweis dafür, dass auch die Luft etwas Stoffliches ist.

(3) Auch die Medizin macht im ptolemäischen Alexandreia gewaltige Fortschritte: Die ebenfalls im Corpus Hippocraticum überlieferte, kurz vor 300 v. Chr. geschriebene Abhandlung „Über das Herz" bezeugt Kenntnis vom Aufbau und von den Funktionen des Herzens, die nur mit Autopsie, also durch Anatomie, erklärbar ist; dass neben Leichen-Sektionen auch Vivisektionen an zum Tode verurteilten Verbrechern vorgenommen wurden, ist nicht nur im Fach-Schrifttum,[152] sondern auch in eindrücklichen Übungsreden aus dem Munde Betroffener erschließbar, die in der Schule des römischen Rhetorik-Professors Quintilian entstanden sind.

4. 4. Mathematik und Astronomie: Entdeckung der Heliozentrik

Zu den mathematischen Wissenschaften zählten in der Antike neben der eigentlichen Mathematik, Geometrie und Arithmetik auch die Astronomie und Musik-Theorie. Anders als im Falle der Chemie, wird für die Mathematik niemand bezweifeln, dass deren Wurzeln in der griechischen Antike liegen. Der in der ersten Hälfte des 4. Jh.s v. Chr. an der platonischen Akademie forschende Athener Theaitetos (~414-369) hat sich bereits mit irrationalen Zahlen beschäftigt und auf dieser Basis reguläre Polyeder konstruiert; seine diesbezüglichen Forschungen sind im 10. und 13. Buch der „Elemente" Euklids

---

[152] Plinius, Naturalis historia 19.86; Celsus (z. Zt. des Tiberius), De medicina prooemium 23f., vgl. Stückelberger (1988) 149.

überliefert.[153] Euklid verfasste die „Elemente", das älteste erhaltene wissenschaftliche Lehrbuch der Mathematik, um 300 v. Chr. in Alexandreia; sie dienten, in modernen Übersetzungen, in Russland, Schweden und England bis ins 19. Jh. hinein als Schulbuch.[154]

Auch der „erste in umfangreicheren Fragmenten faßbare Astronom"[155] Europas war ein Schüler Platons, Eudoxos von Knidos (ca. 391-338). Mathematische Überlegungen führten ihn unter der platonischen Prämisse, dass die Planeten nur vollkommene Kreisbahnen beschreiben könnten, um die beobachtbaren Unregelmäßigkeiten der Planeten-Bewegungen zu erklären, zur Annahme eines Systems von 26 Planeten-Sphären;[156] da die gesamte Antike an dem Postulat der Kreisbahnen festhielt (erst Johannes Kepler sollte Anfang des 17. Jh.s die Ellipsen-Form erkennen), wurde später ein anderer Ausweg zur „Rettung der Phänomene" („sóoizein tà phainómena" hieß die Devise der antiken Astronomen) gefunden, eine komplizierte Epizykel-Theorie, die Ptolemaios in der „Megálä sýntaxis" ausführlich entwickelte.[157] Von stärkerer Fernwirkung war indessen eine andere astronomische Leistung des Eudoxos, nämlich die Schaffung des noch heute kanonischen Katalogs der Sternbilder. Man braucht nicht Anhänger der Astrologie zu sein, um zumindest die 12 Tierkreiszeichen des zoodiakós zu kennen und zu wissen, in welchem von ihnen man geboren ist. Große Verbreitung fand der eudoxische Sternbilder-Katalog durch das um 276 v. Chr. entstandene Lehrgedicht „Phainómena" des Aratos aus dem kleinasiatischen Soloi; Vers

---

[153] Menso Folkerts, Theaitetos Nr. 1 in: Der Neue Pauly XII 1 (2002) 250f.; s. auch Konrad Gaiser, Platons Zusammenschau der mathematischen Wissenschaften, Antike und Abendland 32, 1986, 89-124, 96f.
[154] Stückelberger (1988) 41. 132.
[155] Stückelberger (1988) 47f.
[156] Stückelberger (1988) 47f.
[157] Wolfgang Hübner, Antike in der Astrologie der Gegenwart in: Walther Ludwig (Hrsg.), Die Antike in der europäischen Gegenwart (1993) 103-124, 108.

5 aus dem Prolog dieses Gedichts zitiert Lukas im Kontext der Rede des Paulus vor den Athenern auf dem Areopag.[158]

Ein Schüler Platons war auch Herakleides Pontikos, der von der Südküste des Schwarzen Meeres stammte. Er entwickelte astronomische Theorien der Pythagoreer von einer Bewegung der Erde weiter und wurde so zum Wegbereiter eines weitaus bedeutenderen Astronomen, Aristarchs von Samos (~ 320-250).[159] Aristarch konnte seine geistige Ahnenreihe über Straton und Theophrast auf den Peripatos, die Schule des Aristoteles zurückführen. Von seiner in mittelalterlichen und Renaissance-Handschriften überlieferten Schrift „Über die Größen- und Abstandsverhältnisse von Sonne und Mond" war bereits kurz die Rede; in diesem Werk steht Aristarch zwar noch auf dem traditionellen *geo*zentrischen Standpunkt, doch konnte er durch seine trigonometrischen Verfahren beweisen, dass die Dimensionen im Weltall weitaus größer waren als bisher angenommen. Diese Erkenntnis führte ihn zu der Überzeugung, dass sich trotz einer von ihm postulierten Bahnbewegung der Erde um die Sonne die Phänomene am Himmel verschieben müssten, ohne dass dies mit bloßem Auge erkennbar sein könne; in der Tat konnte diese sogenannte Parallaxe der Fixsterne von maximal einer Bogensekunde erst im Jahr 1838 (durch Friedrich Wilhelm Bessel) gemessen werden. Von dieser Prämisse ausgehend entwarf Aristarch als erster ein

---

[158] Apg 17.28: „wie auch einige von euren Dichtern gesagt haben: Wir sind von *seiner* Art." (Einheitsübersetzung der Heiligen Schrift [1993], kursiv von mir); v. 5: *toú gàr génos esmén, toú* = Diós (v. 4) = Genitiv zum Eigennamen „Zeus". – Arats Gedicht wurde von Cicero und Germanicus (15 v.-19 n. Chr., Adoptivsohn von Tiberius) ins Lateinische übersetzt. – Vgl. Stückelberger (1988) 49. – Die Heimatstadt Arats, Soloi, und Paulus' Geburtsstadt Tarsos liegen übrigens nicht weit voneinander entfernt in der kleinasiatischen Landschaft Kilikien.

[159] Zum kosmischen Modell der Pythagoreer s. am Ende dieses Abschnitts die Fußn. 161. – Zu Aristarch: Stückelberger (1988) 199. – Die von Christián Carman und Rodolfo Buzón in Buenos Aires vorbereitete erste (!) textkritische Edition von Aristarchs handschriftlich überliefertem Traktat nebst spanischer Übersetzung und Kommentar, zu der ich Anfang 2018 einen „prólogo" beigesteuert hatte, ist mittlerweile (2020) bei der University of Barcelona Press erschienen.

*helio*zentrisches Weltsystem, über das der große Mathematiker und Physiker Archimedes in seinem Buch „Über die Sand-Zahl" informiert. Doch wie im Falle des Experiments, so setzte sich die Autorität Platons und des Aristoteles auch in der Frage der Geozentrik durch; im 2. Jh. n. Chr. hat der Kompilator Ptolemaios im ersten Buch seiner „Sýntaxis" nachhaltig gegen die Heliozentrik polemisiert und deren Vertreter so bis zur Mitte des 16. Jh.s mundtot gemacht. Im Jahre 1543 erschien im Druck dasjenige astronomische Werk, welches für gewöhnlich als erstes Manifest der Heliozentrik angesehen wird, „De revolutionibus orbium coelestium libri sex" von Nicolaus Copernicus (1473-1543), und zwar nach dessen Ableben im selben Jahr 1543.[160] Dies ist deswegen von Interesse, weil Copernicus' ursprüngliches Vorwort zu seinem Opus vor Drucklegung gestrichen und durch ein anonymes, nicht vom Verfasser autorisiertes ersetzt wurde; dieser Streichung nun fiel auch die Erwähnung der antiken Anreger zur Heliozentrik zum Opfer, die sich auf Folium 11verso von Copernicus' Manuskript (in der Biblioteka Jagiellońska zu Krakau) befindet; in Zeile 3-5 der gestrichenen Passage steht zu lesen: „credibile est ... Philolaum mobilitatem terrae sensisse, quod etiam nonnulli Aristarchum Samium ferunt in eadem fuisse sententia" – „Es ist glaublich, dass Philolaos die Erdbewegung angenommen habe;[161] einige behaupten auch, Aristarch von Samos sei derselben Meinung gewesen."[162]

Die Griechen gedachten ihres antiken Landsmannes im Jahr seines postulierten 2300. Geburtstages (1980) in zweifacher Weise: (1) Die

---

[160] Näheres bei Noack (1992) 6. – Abbildung aus dem von der Polnischen Akademie der Wissenschaften herausgegebenen Facsimile von Copernicus' Handschrift (Warschau – Krakau 1973) in: Graecogermania. Griechischstudien deutscher Humanisten, unter der Leitung von Dieter Harlfinger bearbeitet von Reinhard Barm et al. (1989) S. 265, Nr. 136.1 (Exponat-Beschreibung von Beate Noack).

[161] Philolaos war ein Pythagoreer des 5. Jh.s v. Chr.; die Pythagoreer gingen von einem Zentralfeuer aus, um das herum sich die Erde (nebst einer von ihr aus unsichtbaren Gegenerde) bewege.

[162] Näheres dazu bei Noack (1992) 16f.

griechische Post emittierte am 5. Mai 1980 zwei Sondermarken: Auf der einen (Abb. 8b) ist im Vordergrund ein Ausschnitt von Folium 110verso des ältesten erhaltenen Textträgers der Aristarch-Überlieferung, codex Vaticanus Graecus 204 (9. Jh.), mit dem Diagramm zu sehen, das Aristarchs Methode illustriert;[163] im Hintergrund sind die Ruinen des um 530 v. Chr. erbauten Hera-Tempels auf Samos abgebildet.[164] Die andere Marke (Abb. 8a) zeigt eine Computer-Graphik des heliozentrischen Weltsystems.[165] Das ganze Ensemble des sogenannten „Ersttagsbriefes" wird flankiert von einem Facsimile von Folium 11verso (Ausschnitt) des Manuskripts von „De revolutionibus".[166] Der Stempel der griechischen Post bietet den Wortlaut: „ARISTARCHEIO PLANÄTIKO SYSTÄMA". (2) Das griechische Ministerium für Kultur und Wissenschaften veranstaltete vom 16. bis zum 19. Juni 1980 ein internationales Symposium zu Ehren Aristarchs in Athen und auf Samos (Pithagorion).[167]

4. 5. Musik und Geographie: Entdeckung der „Neuen Welt"

Zum Abschluss seien noch zwei Fächer der antiken mathematischen Wissenschaften herausgegriffen, die für die kulturelle Entwicklung Europas in Abgrenzung zu *vielen* außereuropäischen Kulturen (Fach: Musik) bzw. in einer über ein halbes Jahrtausend währenden, steten und sich stets wieder wandelnden Auseinandersetzung mit *einem* außereuropäischen Kontinent (mit Amerika, Fach: Geographie) besonders bedeutsam wurden: (1) die Musik und (2) die Geographie.

---

[163] Abgebildet bei Thomas Heath, Aristarchus of Samos. The Ancient Copernicus (1913) auf S. 356, Fig. 17.

[164] Im Briefmarken-Katalog von Michel, Griechenland Nr. 1409.

[165] Michel, Griechenland Nr. 1410.

[166] Der Ersttagsbrief wurde abgebildet von Alan H. Batten, Aristarchos of Samos, in: The Journal of the Royal Astronomical Society of Canada 75, 1981, 29-35, S. 30, Fig. 1 = Abb. 7.

[167] Darüber berichtete der kanadische Astronom Alan H. Batten in dem soeben zitierten Aufsatz, S.32-35.

(1) Musik wird im Folgenden als mathematische Wissenschaft verstanden, also auf Musik-Theorie beschränkt; was die praktische Ausübung von Musik mit Instrumenten betrifft, so werden die aus minoischer bzw. mykenischer Zeit stammenden Abbildungen von Saiteninstrumenten auf Kreta bzw. der Peloponnes[168] natürlich von den über 40000 Jahre alten Funden von Knochen- und Elfenbein-Flöten auf der Schwäbischen Alb chronologisch bei weitem übertroffen;[169] vom Klang dieser Flöten kann man sich jedoch nur eine vage Vorstellung machen, und von einer dahinter stehenden Theorie kann wohl kaum die Rede sein.

Wer sich einmal auch nur oberflächlich mit außereuropäischer Musik oder „Musik anderer Kulturen" beschäftigt hat, kann die identitätsstiftende Kraft der europäischen Musik ermessen. Die uns geläufigen Parameter: Ganz- und Halbtonschritte; Tonintervalle wie Quarte, Quinte und Oktave; Rhythmus und Harmonie werden in nicht europäischen Musik-Kulturen vielfach variiert bzw. durch andere Systeme ersetzt; Vierteltonschritte oder „Heterophonie" etwa werden bei aller transkultureller Aufgeschlossenheit dem europäischen Ohr immer fremd klingen.

Die genannten Parameter der europäischen Musik sind jedoch ein Erbe der antiken griechischen Musik-Theorie, deren mathematischer Unterbau und deren Terminologie auf die Philosophenschule der Pythagoreer im 5. Jh. v. Chr. zurückgehen; die Zahlen-Harmonik der Pythagoreer stellte offenbar auch gegenüber den benachbarten Hochkulturen im Alten Orient ein Novum dar. Die Darstellung

---

[168] Auf einem minoischen Sarkophag von Hagia Triada ist eine siebensaitige Leier abgebildet, auf einem Fries im mykenischen Palast von Pylos eine fünfsaitige Leier, vgl. Frieder Zaminer, Musik IV. Griechenland in: Der Neue Pauly VIII (2000) 520-533, 522; zum Fries im Thronsaal des Palastes von Pylos (nach 1400) vgl. Josef Fischer, Mykenische Paläste. Kunst und Kultur (2017) 115, zum Sarkophag von Hagia Triada ibid. 22 und Klaus Gallas, Kreta. Kunst aus fünf Jahrtausenden (1979⁶) 17 (Abb. 6) – 19: Hagia Triada liegt etwa 2,5 km nordwestlich von Phaistos.

[169] Nicholas Conard – Claus-Joachim Kind, Als der Mensch die Kunst erfand. Eiszeithöhlen der Schwäbischen Alb (2019).

der als „konsonant" geltenden Intervalle Quarte (4:3), Quinte (3:2) und Oktave (2:1) durch einfache Zahlenverhältnisse mit Hilfe eines Monochords dürfte bereits auf Pythagoras selbst, also ins 6. Jh. v. Chr., zurückgehen.[170] In der zweiten Hälfte des 4. Jh.s v. Chr. hat dann der aus dem süditalischen Tarent stammende und in pythagoreischer Tradition aufgewachsene Aristoxenos als Schüler des Aristoteles am Peripatos das Fach Musik-Theorie durch seine beiden Werke „Elemente der Harmonik" und „Elemente der Rhythmik" recht eigentlich begründet. Im 2. nachchristlichen Jh. hat der schon erwähnte große Kompilator der griechischen angewandten Mathematik, Klaudios Ptolemaios, in seiner bis auf Johannes Kepler nachwirkenden „Harmoniká" die zahlentheoretische Grundlage für die europäische Musik mustergültig gelegt.

(2) Ptolemaios hat nicht nur für die Astronomie und die Musik-Theorie, sondern auch für die mathematische Geographie das bis in die Neuzeit hinein benutzte Standardwerk verfasst, die „Geographía"; und ebenso wie er in der „Megálä sýntaxis" bis auf Copernicus und Kepler das geozentrische Weltsystem festschrieb, so sorgte er auch in der „Geographía" mit dem zu geringen Wert von rund 33500 km für den Erdumfang bei Christoph Columbus für einen folgenschweren Irrtum, einen Irrtum indessen, der zur Entdeckung des neuen Kontinents Amerika führte, mochte auch Columbus bis an das Ende seiner Tage davon überzeugt geblieben sein, den westlichen Seeweg nach *Indien* entdeckt zu haben[171] – auch zu diesem Irrglauben durch antike Texte verleitet, wie gleich noch näher ausgeführt werden soll.

Zwar hatte der Begründer der mathematischen Geographie, der schon erwähnte Eratosthenes von Kyrene, mit seiner ziemlich ge-

---

[170] Pythagoras verließ im Jahr 532 seine Heimat Samos und gründete im süditalischen Kroton seine Schule, vgl. Stückelberger (1988) 11f. – Monochord: Prof. Dr. Eberhard Knobloch (Technische Universität Berlin), Vorlesung über Geschichte der Naturwissenschaften und der Technik in der Antike im Wintersemester 1987/88. – Im Übrigen vgl. Zaminer 520-522. 524-527.

[171] Zum Folgenden: Alfred Stückelberger, Kolumbus und die antiken Wissenschaften, Archiv für Kulturgeschichte 69, 1987, 331-340, bes.: S. 332-338.

nauen Berechnung des Erdumfangs im 3. Jh. v. Chr. eine „Glanzleistung antiker Wissenschaft"[172] vollbracht, doch ist seine Schrift
„Über Erdvermessung" nicht über das Ende der Antike hinaus erhalten geblieben; seine Messmethode und -ergebnisse werden lediglich
sehr summarisch in einem Kompendium zur Astronomie aus dem
2. Jh. n. Chr. referiert.[173] Die „Geographía" des Ptolemaios war dagegen in Westeuropa durch die lateinische Übersetzung (aus dem
Griechischen) des italienischen Humanisten Giacomo d'Angelo
(1360-1411) um 1406 bekannt geworden und fand seit der ersten
Druckedition dieser Übersetzung im Jahr 1475 weite Verbreitung.[174]
Tatsächlich ist die indirekte Rezeption des Wertes für den Erdumfang von ca. 33500 km (~ 180.000 antiken Stadien) aus Ptolemaios
durch Columbus dokumentarisch überliefert.[175] Nun mag eine Ab-
weichung von etwa 16% zwischen diesem und dem realen Wert von
40000 km keine entscheidende Motivation für Columbus gewesen
sein, die gefährliche Seereise gen Westen zu unternehmen,[176] doch
bezeugt uns sein Sohn Don Fernando Colombo in der Vita seines
Vaters (Kap. 7ff.), dass dieser durch die Lektüre von vor allem zwei
Passagen der griechischen Literatur zu seinen Seereisen motiviert
worden sei: (1) von Aristoteles, „Über den Himmel", Buch II, Kap.
14; und von (2) Strabon, „Geographía", Buch I und II.[177] Aristoteles lieferte in der genannten Passage einen ersten mathematischen

---

[172] Stückelberger (1988) 187.

[173] Kleomedes, Metéoora, Buch I, Kapitel 10.

[174] Menso Folkerts, Ptolemaios Nr. 65, III. Wirkungsgeschichte, B. Geographie
in: Der Neue Pauly X (2001) 567.

[175] Nachweis über Unterstreichungen und Randnotizen durch Columbus in seiner Ausgabe des ptolemäischen Wert zitierenden Renaissance-Autors
Enea Silvio Piccolomini (= Papst Pius II), Historia rerum ubique gestarum,
cap. 4: „Ptolemaeus … totum ambitum noti orbis stadiis centum et octoginta
milibus constare censet", dazu Columbus in margine: „totum anbitum noti
orbis, scilicet 180 milibus" bei Stückelberger (1987) 335 (Unterstreichungen von mir).

[176] Stückelberger (1988) 189: „denn auf diesen zu geringen Erdumfang wird
sich später Kolumbus bei seinen Entdeckerfahrten berufen."

[177] Stückelberger (1987) 337.

Nachweis über die Kugelgestalt der Erde,[178] nachdem bereits Platon in seinem Dialog „Phaidon" wie selbstverständlich von einer kugelgestaltigen Erde ausgegangen war.[179] Im Anschluss an die genannte Stelle betont Aristoteles, dass diese Erdkugel relativ klein sei und dass die Gegend um die „Säulen des Herakles" (das ist die Straße von Gibraltar) und die Gegend um *Indien* zusammenhängen und dass das dazwischen liegende Meer ein einziges sei. Auch diese Aristoteles-Passage kannte Columbus (in der Brechung durch einen Renaissance-Autor); er hat sie wiederum durch Unterstreichungen und Annotationen in seinem Exemplar hervorgehoben und in seinem Bericht über seine dritte Reise in die Neue Welt von 1498 nochmals ausgeschrieben.[180] Bei Strabon, dem um Christi Geburt wirkenden Geographen, schließlich steht zu lesen (1.4.5): „Die Mathematiker behaupten …, wenn nicht die Größe des Atlantischen Meeres es verhinderte, könnten wir auch von Iberien < = Spanien> aus nach *Indien* segeln."

---

[178] Aristoteles, De caelo II 14. 297a8. b24ff.: Bei Mondfinsternissen ist die Projektion des Erdschattens stets kreisförmig.

[179] Platon, Phaidon 110b5ff.; Platon glaubte freilich noch, dass die Erde ein „pámmegá ti" („etwas sehr Großes") sei (Phd. 109a9), was Aristoteles in „De caelo" und in den „Meteorologica" (anonym) kritisierte. – Vorgänger für die Annahme der Kugelgestalt mögen Pythagoras oder der Begründer der eleatischen Schule Parmenides gewesen sein (bei Diogenes Laertios 8.48 und 9.21).

[180] Petrus de Alliaco (Pierre d'Ailly, 1350-ca. 1420), Imago mundi, cap. 8: „Aristoteles sagt am Ende seines Buches De caelo …, daß das Meer zwischen der Westküste Spaniens und der Ostküste Indiens klein ist". „An diesen Zeilen hat Kolumbus Unterstreichungen vorgenommen und … an den Rand geschrieben: *Aristotelis: inter finem ispanie et principium indie est mare parvum et navigabile in paucis diebus*"; 1498 schrieb Columbus: „Aristoteles sagt, diese Welt sei klein und das Wasser sei noch geringer, und es sei einfach, von Spanien nach Indien zu gelangen. […] Petrus de Alliaco zitiert ihn" (Stückelberger [1987] 338).

5. Schluss-Betrachtungen

Gewiss hätten die Europäer früher oder später auch ohne die antiken Texte die Neue Welt entdeckt; doch dass dies (wie auch viele andere Entdeckungen und Entwicklungen, die noch heute das Gesicht Europas und der von hier aus entdeckten neuen Kontinente prägen) dass dies gerade in der Epoche der Renaissance, der „Wiedergeburt der Antike", geschah, stellt die integrative Kraft der (vor allem griechischen) Antike einmal mehr unter Beweis: Im antiken griechischen Kulturkreis entstand die Idee „Europa"; die drei (monotheistischen) Abrahamitischen Religionen, die Europa mit unterschiedlicher Intensität zu verschiedenen Zeiten kulturell beeinflussten, wurden in der hellenistischen und spätantiken Epoche durch die griechische Sprache und / oder das griechische Erbe mehr oder minder geformt. Sich dieser gemeinsamen historischen Wurzeln bewusst zu werden, ist gerade in einer Zeit verstärkter Migrationsbewegungen aus der islamischen Levante ins christliche Abendland hoch aktuell. Unbeschadet der Dominanz des christlichen Erbes in Europa ist interkulturelle Kompetenz ein dringendes Desiderat der Gegenwart, ist Toleranz unabdingbar, ohne jedoch in *„das Paradox der Toleranz"*[181] zu verfallen.

Auch bei der historischen Untersuchung der Ursprünge der europäischen Kultur ist auf ein abgewogenes Urteil zu achten: Weder war die arabische Expansion allein verantwortlich für den Verlust eines Teils des antiken Erbes,[182] noch darf sich das Christentum an-

---

[181] André Comte-Sponville, Ermutigung zum unzeitgemäßen Leben. Ein kleines Brevier der Tugenden & Werte (fränzösisch u. d. T. „Petit traité des grandes vertus" [1995]) (deutsch von Josef Winiger 1996) 198-216 = „Die Toleranz", bes. 202: „Karl Popper <Die offene Gesellschaft und ihre Feinde (1975) 359> nennt dies *„das Paradox der Toleranz"*. „Wenn man absolut, selbst gegen die Intoleranten, tolerant ist und die tolerante Gesellschaft nicht gegen deren Angriffe verteidigt, werden die Toleranten vernichtet, und mit ihnen die Toleranz."

[182] Thomas Bauer konnte jüngst zeigen, „wie in der islamischen Welt die antike Zivilisation mit florierenden Städten und Wissenschaften weiterlebte, während im mittelalterlichen Europa nur noch Ruinen an eine untergegangene

heischig machen, alleiniger Bewahrer der antik-paganen Tradition gewesen zu sein.[183] Gotthard Strohmaier hat bereits in seiner Ber-

Kultur erinnerten" (aus der Verlagsanzeige der Wissenschaftlichen Buchgesellschaft Darmstadt), in seiner 2018 erschienenen Monographie: „Warum es kein islamisches Mittelalter gab. Das Erbe der Antike und der Orient". – Zur wissenschaftshistorischen und überlieferungsgeschichtlichen Bedeutung der engen Kontakte zwischen der arabischen Welt und Byzanz ist (bei aller gebotenen Bescheidenheit) noch immer lesenswert das Kapitel über die arabischen Übersetzungen Aristarchs von Samos in Noack (1992) 37-45; durch die enge transdisziplinäre Zusammenarbeit mit Gotthard Strohmaier konnte ich meine Ausführungen seinerzeit auch arabistisch-philologisch auf eine sichere Grundlage stellen. Strohmaier hat sich 1991 an der Eberhard-Karls-Universität in Tübingen im Fach Islamkunde habilitiert und wurde 1995 von der Freien Universität Berlin zum Honorarprofessor ernannt. Er hat eine große Anzahl einschlägiger graeco-arabistischer Publikationen vorgelegt; einige der für diese Studie benutzten Aufsätze wurden von ihm im Jahr 2003 vereinigt in dem Sammelband „Hellas im Islam. Interdisziplinäre Studien zur Ikonographie, Wissenschaft und Religionsgeschichte" (= Diskurse der Arabistik, Band 6, hrsg. von Hartmut Bobzin und Angelika Neuwirth), mit einem informativen Vorwort von Bobzin. Zu erwähnen ist unter vielem anderen Einschlägigen noch die Monographie „Zwischen Islamismus und Eurozentrismus: Mosaiksteine zu einem Bild arabisch-islamischen Erbes" (2012), in der Strohmaier sich mit dem heftig umstrittenen Thema der Herausbildung einer europäischen Identität und der Rolle der Griechen, Römer und Muslime bei diesem Prozess auseinandersetzt. – Dass die Graeco-Arabica mittlerweile auch philologisch fundiert bearbeitet werden können, verdanken wir dem „Wörterbuch zu den griechisch-arabischen Übersetzungen des 9. Jahrhunderts", welches der Tübinger Altphilologe und Arabist Manfred Ullman in den Jahren 2002 bis 2007 publiziert hat.

[183] Wissenschaftlich mangelhaft fundiert und in ihren Bewertungen allzu radikal, polemisch und tendenziös ist Catherine Nixey, Heiliger Zorn. Wie die frühen Christen die Antike zerstörten (englisch u. d. T. „The Darkening Age [2017]) (deutsch von Cornelius Hartz 2019). Nixey studierte Alte Geschichte an der Cambridge University (U.K.); umso mehr muss es den Leser ihres Bandes überraschen, dass die Verfasserin auch ihre ganze Argumentation und Evaluation tragende antike Quellen zu einem beträchtlichen Teil sekundär aus der modernen Forschungsliteratur zitiert (vgl. etwa Eberhard Heck, Du sollst nicht zitieren aus zweiter Hand, Philologus 137, 1993, 110-121, zum „elften Gebot" des Klassischen Philologen, das ebenso natürlich auch für den Althistoriker gilt). Ihr biographischer Hintergrund (Nixey ist Tochter eines ehemaligen Mönchs und einer ehemaligen Nonne, s. S. 17f.) erklärt psychologisch manches, aber entschuldigt wissenschaftlich nichts; auch Nixeys „Salvationsklausel" am Ende der Einführung (S. 30) vermag daran nichts zu ändern. Wie konnte eine solchermaßen emotionsaufgeladene Invektive gegen das Christentum im anglophonen Raum (von London

liner Antrittsvorlesung am 28. Juni 1995 klar gestellt:[184] „Faustische Unruhe und ideologischer Pluralismus waren für die Blütezeit des abbasidischen Kalifats nicht minder typisch wie für die europäische Renaissance." Und er warnt vor einem „Eurozentrismus" (S. 194), vor „einem naiven europäischen Selbstbewußtsein, das sich in einer exklusiven Kontinuität mit den Griechen und in einem ewigen Gegensatz zum Orient weiß. Denn es war gerade mit der rationalen Philosophie und den exakten Wissenschaften der zukunftsträchtige Teil des Erbes, der in der arabisch-islamischen Kultur zunächst viel eifriger und besser angeeignet wurde." Und schließlich beriefen sich auch „die philhellenisch gesonnenen Intellektuellen im Islam" des Mittelalters auf ihre „Kontinuität mit den alten Griechen", indem sie die antik-griechischen Wissenschaften als die „der Alten" bezeichneten, und das bedeutete für sie „derjenigen, die vor dem Islam lebten".[185]

Von den drei Traditionsträgern antiken griechischen Wissens ins Mittelalter, den Römern in lateinischer, den Byzantinern in griechischer und den Arabern in arabischer Sprache, hat sich der Überlieferungsweg über Rom im Wesentlichen als Sackgasse erwiesen: „es war ... herzlich wenig, was am Ende der Antike ins Lateinische

---

bis New York) so hohes Lob ernten, diese Frage darf man zu Recht stellen. Eine noch immer lesenswerte Studie zum Thema „Die Haupteinwände des antiken Denkens gegen das Christentum" verfasste hingegen der Klassische Philologe Wilhelm Nestle (ein Halbbruder von Eberhard Nestle, dem Herausgeber des Novum Testamentum Graece), erschienen im Archiv für Religionswissenschaft 37/1, 1941, 51-100 (neu abgedruckt in : Jochen Martin – Barbara Quint [Hrsgg.], Christentum und antike Gesellschaft [1990] 17ff.); Nestle orientiert sich an den antiken christlichen wie paganen Originaltexten, die er nüchtern und objektiv analysiert. Überzeugend ist auch das abschließende Kapitel über „Gründe für den Sieg des Christentums" (S. 97-100), die Nestle in einem markanten Satz zusammenfasst (S. 98): „Die Welt war des Denkens müde geworden."

[184] Das Erbe der Griechen in der Welt des Islam, Das Altertum 41, 1996, 189-201, Zitate: 198 und 200.

[185] Gotthard Strohmaier, Die Griechen waren keine Europäer in: Eckhard Höfner – Falk Peter Weber (Hrsgg.), Politia litteraria. Festschrift Horst Heintze (1998) 198-206, 198, 200, 204 und ders., Fragmente (1998) 356.

übersetzt war";[186] und dieses Wenige war vielfach, sofern es sich um Rückübersetzungen aus arabischen Übertragungen handelte, qualitativ minderwertig, was jedoch zumeist völlig zu Unrecht den arabischen, nicht den lateinischen Übersetzern angelastet wurde.[187] Die relativ geringe Quantität an griechisch-lateinischen Übersetzungen ist freilich auch aus der bis in die Spätantike hinein herrschenden Diglossie der gebildeten Römer zu erklären: Sie beherrschten das Griechische wie eine zweite Muttersprache; „utraque lingua peritus" – „beider Sprachen (der lateinischen und der griechischen) kundig" war ein geläufiger Standard.[188] Die Dominanz der griechischen Sprache konnte ja auch für die christliche Literatur der ersten Jahrhunderte bis zur Mitte des 3. Jh.s festgestellt werden (s. o. Kap. 2). Gleichwohl ist zu konstatieren: Aus dem Desinteresse der Römer an theoretischer Wissenschaft und ihrer eigenen Sterilität auf dem Feld der exakten Wissenschaften resultierte das niedrige Wissensniveau im lateinisch geprägten Westeuropa während der ersten rund eineinhalb Jahrtausende n. Chr.;[189] „die arabische Rezeption <kann hingegen als> die Zwillingsschwester der byzantinischen" betrachtet werden.[190] Für den schon mehrfach erwähnten persischen Universalgelehrten al Biruni ist die Hochachtung vor den antiken Griechen ebenso charakteristisch wie für die späteren Exponenten der westeuropäischen Renaissance; doch während noch für die Scholastik

---

[186] Strohmaier, Europa (2001) 77.
[187] Klein-Franke 23.
[188] Alan Cameron, The Last Pagans of Rome (2011) 527ff. („Greek Texts and Latin Translation"), 527: „the Roman elite were, if not bilingual, at any rate fluent in Greek. [...] We hear little of Latin translations, because most who wanted to read Greek books could read them in the original. [...] No one who was not, in the telling formula, ... (utraque lingua peritus) could lay any claim to be truly cultivated."
[189] Strohmaier, Europa (2001) 77 mit Fußn. 63 nach William Harris Stahl, Roman Science. Origins, Development, and Influence to the Later Middle Ages (1962) 259, vgl. dens. (1994) 17. Der italienische Wissenschaftshistoriker Lucio Russo spricht gar von „Obskurantismus" und „Erstarrung, die über 1000 Jahre hinweg nahezu jede geistige Entwicklung blockierten" (Die vergessene Revolution oder die Wiedergeburt des antiken Wissens [deutsch von Bärbel Deninger, 2005; englisch 2004; italienisch 1996] S. 1).
[190] Strohmaier, Fragmente (1998) 355.

des Hochmittelalters Aristoteles die unangefochtene naturphiloso-phische Autorität blieb, wagte al Biruni bereits um die Wende vom ersten zum zweiten Jahrtausend eigene, das aristotelische Weltbild hinter sich lassende Thesen, so von der Möglichkeit der Existenz von ‚Multiversen'.[191]

Gerade die Eroberung Konstantinopels durch die muslimischen Türken („Halosis", 1453) wirkte als Promotor für die Entfaltung der Renaissance zunächst in Italien, seit dem 16. Jh. auch verstärkt nördlich der Alpen im deutschsprachigen Kultur-Raum, zu ihrer vollen Blüte: Griechische Gelehrte wie etwa Bessarion (1403 [in Trapezunt] – 1472 [in Ravenna]) emigrierten aus dem byzantini-schen Raum nach Westen, wo vielfach zunächst Venedig als reiche und weltoffene Hafenstadt ein erster Anlaufpunkt war; in ihrem Ge-päck führten sie ihre Bibliotheken mit sich: So gelangten um die Mitte des 15. Jh.s reiche Schätze griechischer Handschriften nach Westeuropa und förderten die direkte Wiedergewinnung antiken Wissens beträchtlich. Bessarion etwa vererbte seine rund 500 Ma-nuskripte der Biblioteca Marciana in Venedig, wo sie noch heute den Grundstock des griechischen Handschriftenbestands bilden.[192]

Zum Abschluss dieses Gedankengangs noch zwei Hinweise, die auf Vorurteile und Vorverurteilungen der Religionen einen differen-zierten Blick werfen: (1) Der große muslimische Gelehrte des 12. Jh.s, der im mauretanischen Spanien lebende Averroes (Ibn Ruschd, 1126-1198), verfasste einen Kommentar zu Platons Hauptwerk „Der Staat" (Politeía), wohl auf der Grundlage von Galens Zusam-menfassung; die Beschäftigung mit Platons darin entwickelter „ide-aler" Gesellschaftsstruktur führte Averroes zu heftiger Kritik an den

---

[191] Strohmaier (1994) 22; vgl. dens., Avicenna und al-Biruni im Dialog über aristotelische Naturphilosophie in: Klaus Döring – Georg Wöhrle (Hrsgg.), Antike Naturwissenschaft und ihre Rezeption I/II (1992) 115-130.

[192] Einen Überblick bietet der Ausstellungskatalog Graecogermania. Grie-chischstudien deutscher Humanisten. Die Editionstätigkeit der Griechen in der italienischen Renaissance (1469-1523). Ausstellungskatalog der Herzog August Bibliothek Wolfenbüttel Nr. 59 (1989).

zeitgenössischen muslimischen Staaten in Spanien: „So bedauert er die unterdrückte Rolle der Frau in der muslimischen Gesellschaft, verglichen mit der Gleichberechtigung in Platons Gesellschaftsmodell."[193] (2) Der oben schon mehrfach gewürdigte Apostel Paulus schreibt in seinem 1. Brief an die Gemeinde in Korinth:[194] „Eine Frau .. entehrt ihr Haupt, wenn sie betet oder prophetisch redet und dabei ihr Haupt nicht verhüllt [...] (6) Wenn eine Frau kein Kopftuch trägt, soll sie sich doch gleich die Haare abschneiden lassen." – Kopftuch-Gebot für (vor der Gemeinde agierende) frühe Christinnen?

Wenn vorstehende Ausführungen einen bescheidenen Beitrag zur Klärung und Bewusstmachung der gemeinsamen Quellen der europäischen Idee geleistet haben, ist ein wichtiges Anliegen der Verfasserin erfüllt.

Das Fazit könnte etwa folgendermaßen lauten: (1) Der Ursprung Europas liegt in der griechischen Antike, und Europa sähe ohne die antiken Griechen heute anders aus. (2) Das antike Griechentum schlug die Brücke zwischen Orient und europäischem Abendland. (3) Darüber hinaus erlauben die vorstehenden Untersuchungen aber auch den Schluss, dass die Hellenisierung der Kultur nicht nur europäische, sondern nahezu globale Dimensionen einnimmt.

---

[193] Gotthard Strohmaier, Platon in der arabischen Tradition, Würzburger Jahrbücher 26, 2002, 185-200, Zitat: 197f.
[194] 1 Kor 11.5 und 6 (Einheitsübersetzung der Heiligen Schrift 1993).

6. Abbildungen

Abb. 1: Griechische EURO-Münzen, Emissionsjahr 2002/2010 (eigene Scans):

(a) 1 EURO (links): Eule = Attribut der Athener Stadtgöttin Pallas Athene

(b) 2 EURO (rechts): Europa reitet auf dem Zeus-Stier, unten: original, unkoloriert (2002), oben: bankfrische Farb-Emission 2010 (Scan nach Original)

Gestalter beider Münzen: Georgios Stamatopoulos (* 1963 in Athen)

Abb. 2: **Römisches Europa-Mosaik aus Sparta (3./4. Jh. n. Chr.),**
„Haus der Europa" (Raum I)

= drittletzte Abb. aus „Die Ordnung Europas. Die neue 5-Euro-
Banknote und die Ikonographie der Entrückung Europas" in:
LIFOTEAM 17.01.2013 (https://www.lifo.gr/team/evrymata/35409)

Abb. 3: **Hauptgebäude der National University of Mongolia in Ulaan**
Baatar (Mongolei), gegründet 1942: Korinthische Säulen-
Kapitelle; Kyrillische und altmongolische Schrift (eigenes Foto,
Juni 2017)

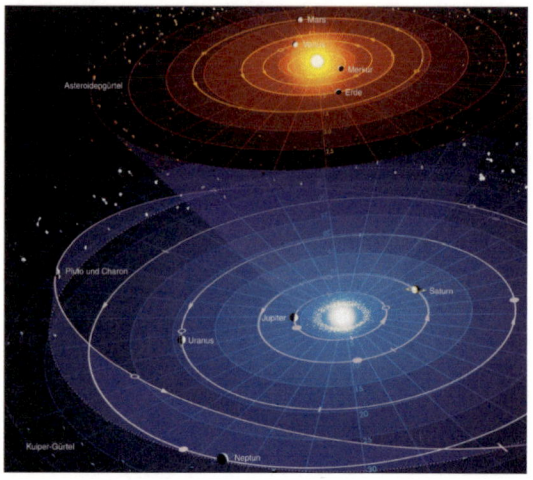

Abb. 4: Sonnensystem incl. Pluto,

aus: Duncan JOHN, Astronomie (deutsch von Ursula FETHKE, o. J. [vor 2008]) S. 34 (Copyright für die deutsche Ausgabe: Parragon Books Ltd, Queen Street House, 4 Queen Street, Bath BA 1 1HE, UK) (Fotografien: Courtesy Science Photo Library, S. 34: Mark Galick)

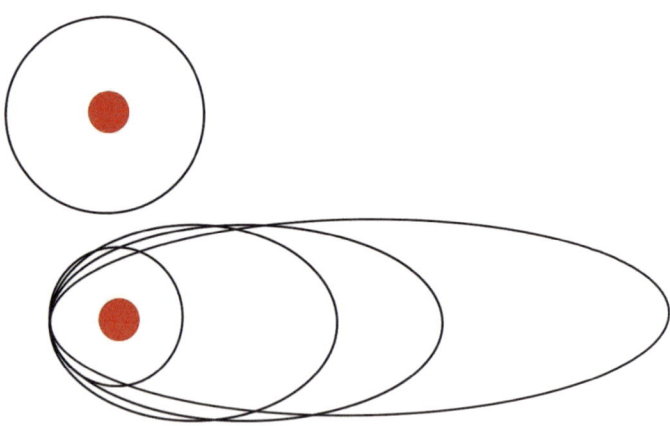

Abb. 5: „Planetarische" Atom-Modelle (eigene Zeichnung)

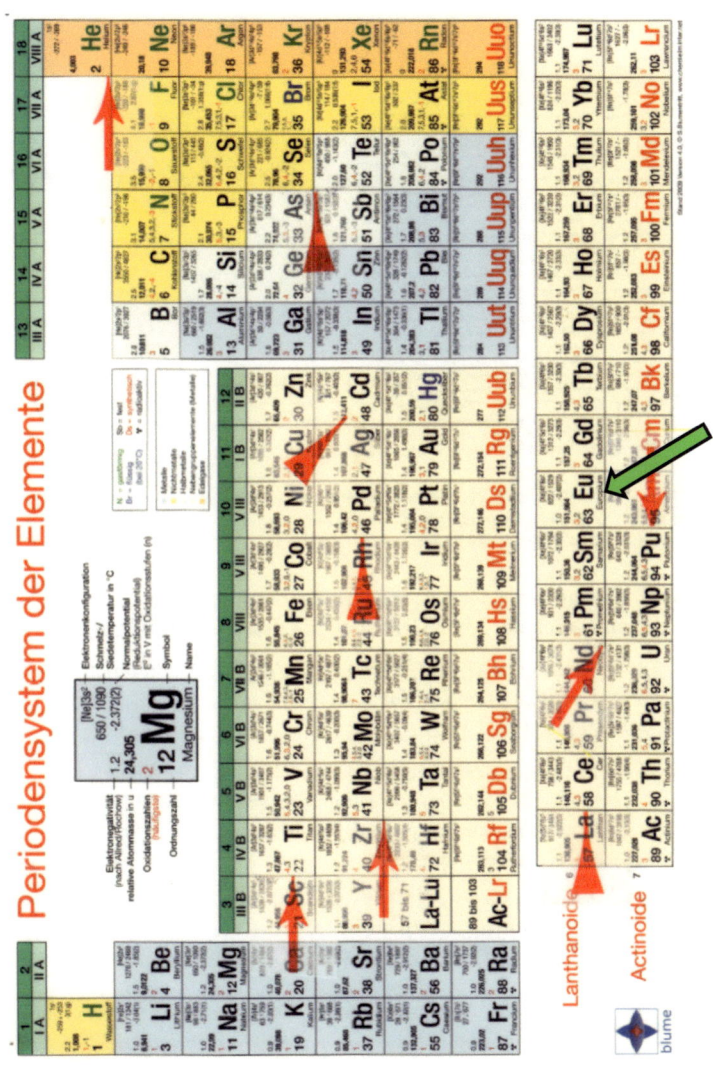

Abb. 6: Periodensystem der Elemente, Stand 2009 Version 4.0.
© S. Blumentritt, www.chemieiminter.net – bearbeitet:
Markierungen mit Pfeilen

FIG. 1—Reproduction of the first-day cover issued by the Greek Post Office. The handwriting on the left is a facsimile of that portion of Copernicus' manuscript containing the subsequently deleted reference to Aristarchos (see line 9).

Abb. 7: Ersttagsbrief der griechischen Post vom 5.5.1980 anlässlich des 2300. Geburtstags Aristarchs von Samos,

aus: Alan H. BATTEN, Aristarchos of Samos, The Journal of the Royal Astronomical Society of Canada 75, 1981, 29-35, S. 30 Fig. 1

links = Folium 11verso des Manuskripts von Nicolaus Copernicus, „De revolutionibus orbium coelestium libri sex" (1543) in Krakau, Biblioteka Jagiellońska; vgl. Beate Noack, Aristarch von Samos (1992) S. 16 mit Fußn. 69

rechts = Sondermarken = meine Nr. (8a/b); Stempel der griechischen Post mit dem Wortlaut: „ARISTARCHEIO PLANÄTIKO SYSTÄMA" Copyright: The Royal Astronomical Society of Canada

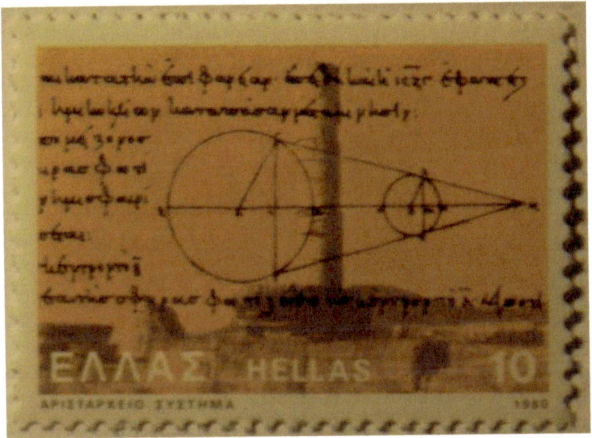

Abb. 8: Sondermarken (Originale) vom 5.5.1980 (eigener Scan):

(a) Computer-Graphik des heliozentrischen Weltsystems;
      nachgewiesen im Briefmarken-Katalog von Michel,
      Griechenland Nr. 1410

(b) codex Vaticanus Graecus 204 (9. Jh.), Folium 110verso (Ausschnitt):
      Diagramm, das Aristarchs Messmethode illustriert; im Hintergrund:
      Ruinen des um 530 v. Chr. erbauten Hera-Tempels auf Samos;
      nachgewiesen im Briefmarken-Katalog von Michel, Griechenland
      Nr. 1409

Die Autorin

Die Verfasserin studierte von 1980 bis 1990 Klassische Philologie und Alte Geschichte an der Freien Universität Berlin und in Heidelberg, Handschriftenkunde an der Università degli Studi di Roma „La Sapienza" und in einem Aufbaustudium Arabistik an der FU Berlin sowie Wissenschafts- und Technikgeschichte an der Technischen Universität Berlin. In Rom (Biblioteca Apostolica Vaticana) und in Venedig (als Stipendiatin des Centro Tedesco di Studi Veneziani) untersuchte sie griechische Manuskripte aus dem Mittelalter und der Renaissance im Original.

Im Jahr 1990 wurde sie im Fach Gräzistik mit einer überlieferungsgeschichtlichen Arbeit über den Astronomen Aristarch von Samos an der FU Berlin promoviert; die Dissertation wurde als Monographie im Jahr 1992 publiziert.[*]

Nach einer dreijährigen Hochschulassistentur an der Universität Hamburg war sie von 1993 bis 2013 an der Universität Tübingen vornehmlich in der Lehre tätig (neben Griechisch auch in Latein, Sprachwissenschaft, Ethik, Metrik und Methodik der Klassischen Philologie); daneben widmete sie sich der Erforschung des spätantiken Griechisch.

Seit 2014 lebt sie in Zittau; ein weiterer Band für die Reihe „Flensburger Studien zu Literatur und Theologie" zu den Themen antike Philosophie (Platon) und Religionsgeschichte/Theologie (Solon, Platon) ist in Vorbereitung.

---

[*] Aristarch von Samos. Untersuchungen zur Überlieferungsgeschichte der Schrift perì megethóon kaì apostämátoon hälíou kaì selänäs (= Serta Graeca. Beiträge zur Erforschung griechischer Texte. Bd. 1), Wiesbaden: Dr. Ludwig Reichert Verlag, 1992.

Weitere Bände der Flensburger Studien zu Literatur und Theologie

Band 8

Markus Pohlmeyer (Hg.): Töchter der Sonne. Eine Inka-Kantate. Gedichte. Mit einem Kompositionsbericht von A. N. Tarkmann und alt-amerikanistischen Erläuterungen von B. Schmelz, Br., 88 Seiten, 16,90 €, ISBN 978-3-86815-712-3, 2., überarbeitete Auflage 2017, Igel Verlag, Hamburg 2017.

Band 9

Elin Fredsted / Markus Pohlmeyer (Hg.): Zwischen Welten verstrickt III. Filmanalysen: Zwischen Heimat und Science Fiction, Mit Beiträgen von J. Jake und A. Jöckel, Br., 96 Seiten, 19,50 €, ISBN 978-3-86815-723-9, Igel Verlag, Hamburg 2017.

Band 10

Markus Pohlmeyer: Zwischen Welten verstrickt IV. Weltraum, Wildwest und allerlei wunderliche Wege, Br., 108 Seiten, 19,50 €, ISBN 978-3-86815-724-6, Igel Verlag, Hamburg 2017.

Band 11

Markus Pohlmeyer / Bernd Schmelz (Hg.): Weihnachten. Von der globalisierten Postmoderne in die Antike – (un)gewohnte Zugänge, Br., 140 Seiten, 19,50 €, ISBN 978-3-86815-725-3, Igel Verlag, Hamburg 2017.

Band 12

Markus Pohlmeyer: Als ich zu den Sternen ging. Zweiter Teil. Gedichte, Br., 112 Seiten, 19,50 €, ISBN 978-3-86815-728-4, Igel Verlag, Hamburg 2018.

Band 13

Markus Pohlmeyer: Dinosaurier, kosmische Träumer und Minihelden. Zwischen Welten verstrickt V, Br., 108 Seiten, 19,50 €, ISBN 978-3-86815-731-4, Igel Verlag, Hamburg 2018.

Band 14
Benny Grey Schuster: Das Osterlachen. Darstellung der
Kulturgeschichte und Theologie des Osterlachens sowie ein Essay
über die kulturelle, kirchliche und theologische Verwandlung des
Lachens. Aus dem Dänischen übersetzt von Eberhard Harbsmeier,
Br., 428 Seiten, 44,00 €, ISBN 978-3-86815-731-4, Igel Verlag,
Hamburg 2019.

Band 15
Markus Pohlmeyer / Christian Stolz (Hg.): Ostern – Ursprünge
und Bräuche, Br., 136 Seiten, 22,00 €, ISBN 978-3-86815-734-5,
Igel Verlag, Hamburg 2019.

Band 16
Elin Fredsted / Markus Pohlmeyer (Hg.): Heimat:
kulturwissenschaftliche, regionalgeschichtliche und ästhetische
Zugänge, Br., 144 Seiten, 22,00 €, ISBN 978-3-86815-735-2,
Igel Verlag, Hamburg 2019.

Band 17
Franz Januschek / Markus Pohlmeyer (Hg.): Zeitreise.
Transzendenz im Science Fiction-Format, Br., 144 Seiten, 22,00 €,
ISBN 978-3-86815-735-2, Igel Verlag, Hamburg 2019.

Band 18
Markus Pohlmeyer: Schöpfungen: Science Fiction, Comic, Western.
Von Platon bis Cixin Liu. Zwischen Welten verstrickt VI,
Br., 124 Seiten, 19,50 €, ISBN 978-3-86815-739-0, Igel Verlag,
Hamburg 2019.

Band 19
Janice L. Jake / Markus Pohlmeyer: Sprache im Film / Language in
Film. Ein Phänomen, leicht zu übersehen / A Phenomenon easy to
neglect, Br., 144 Seiten, 22,00 €, ISBN 978-3-86815-741-3,
Igel Verlag, Hamburg 2020.